守护银龄幸福

积极应对人口老龄化的中国方案

主　编：王建军

副主编：高成运　李　晶

五洲传播出版社

图书在版编目（CIP）数据

守护银龄幸福：积极应对人口老龄化的中国方案 / 王建军，高成运，李晶编著 . -- 北京：五洲传播出版社，2023.6

ISBN 978-7-5085-5067-1

Ⅰ . ①守… Ⅱ . ①王… ②高… ③李… Ⅲ . ①人口老龄化 – 研究 – 中国 Ⅳ . ①C924.24

中国国家版本馆CIP数据核字(2023)第102663号

守护银龄幸福——积极应对人口老龄化的中国方案

出 版 人：关　宏
责任编辑：王　峰
策　　划：常武显
出版发行：五洲传播出版社
地　　址：北京市海淀区北三环中路 31 号生产力大楼 B 座 6 层
邮　　编：100088
发行电话：010–82005927　010–82007837
网　　址：http://www.cicc.org.cn　http://www.thatsbooks.com
设计制作：北京嘉悦信包装有限公司
印　　刷：北京市房山腾龙印刷厂
版　　次：2023 年 6 月第 1 版第 1 次印刷
开　　本：710 mm×1000 mm 1/16
印　　张：13.5
字　　数：124 千字
定　　价：68.00 元

本书编写组

主　　编：王建军

副 主 编：高成运　李　晶

编写组成员（按姓氏笔画排列）：

　　　　王莉莉　伍小兰　李　晶(健康所)

　　　　李　晶　李俊南　杨晓奇　罗晓晖

目 录

把积极老龄观健康老龄化理念
融入经济社会发展全过程

王建军

2021 年 11 月中共中央、国务院印发的《关于加强新时代老龄工作意见》提出，要把积极老龄观、健康老龄化理念融入经济社会发展全过程。这是基于对中国人口老龄化趋势及其影响和中国老龄工作已有基础作出的重大判断和科学决策，关系到党和国家的工作全局和长远发展。做好新时代积极应对人口老龄化工作，必须完整、准确、全面理解"积极老龄观、健康老龄化"的理念，始终将这一理念融入中国经济社会发展全过程，贯彻到做好老龄工作的所有方面、各个环节。

一、深刻认识把积极老龄观、健康老龄化理念融入经济社会发展全过程的重要性和紧迫性

人口是国家发展的基础性、全局性、长期性和战略性要素。老龄问题涉及政治、经济、文化和社会生活等诸多领域，关系国计民生和国家长治久安的重要方面。中国是世界上人口老龄化程度比较高的国家之一，老年人口数量最多，老龄化速度最快，应对人口老龄化任务最重。有效应对人口老龄化，事关国家发展全局，事关亿万百姓福祉。目前，国家

发展已从全面建成小康社会转向开启全面建设社会主义现代化强国新征程，与此同时，中国人口老龄化即将从轻度进入中度。我们一定要站在全面建设社会主义现代化强国的全局和战略高度，运用辩证思维正确把握人口老龄化的形势和趋势，推动完善和实施积极应对人口老龄化国家战略。

（一）从全球视野看，老龄化既是世界性的普遍趋势，又是中国的特殊国情

人口老龄化是平均预期寿命不断延长、出生率和死亡率持续走低等多方面因素综合作用的结果，具有普遍性、必然性。从人口老龄化的进程看，自 19 世纪 60 年代法国最早步入老龄化以来，发达国家一直领跑老龄化进程。20 世纪六七十年代以来，发达国家已全部进入老龄化行列，一些发展中国家也陆续走向人口老龄化。目前，除非洲国家以外的几乎所有国家，都在经历老龄化的过程。欧洲是人口老龄化形势最为严峻的地区，预测显示，2050 年欧盟 65 岁及以上人口比例将达到 28.5%，其中，意大利和德国将上升至 33.8% 和 29.4%，法国为 25.6%。在亚洲，日本和韩国的老龄化问题也日趋严重。根据联合国预测，到 2099 年，全球 192 个国家和地区的人口结构都将变成老年型。人口老龄化给很多国家的经济社会发展带来极大影响，引发财政失衡、劳动力短缺等问题，一些国家的高福利制度也受到考验。中国自 2000 年进入人口老龄化社会以来，老年人口的数量和人口老龄化的程度一直在快速发展，第七次全国人口普查数据显示，我国 60 岁以上人口 2.64 亿，占 18.7%，其中 65 岁以上人口 1.9 亿，占 13.5%。预计到 2048 年前后将超越发达国家人口老龄化的平均水平，跨入全球人口老龄化水平最高的国家行列。从老年人口的特征看，我国人口老龄化有与其他国家共性的趋势，如家庭小型化、高龄少子化等；也有许多独特性，如老年人口基数大、在全球占比高，人口老龄化的速度快、区域不均衡，高龄老人和失能老人多，空巢化和独居化加剧，等等。作为世界上老年人口最多的国家，我国积极应对人口老龄化工作具有重要意义，不仅直接关系我国自身的改革发展稳定大局，也是解决全球老龄问题的关键，事关人类发展和人权进步。从人口老龄化的深层背景看，快速的人口老龄化是世界百年未有之大变局的重要方面。当今世界的人口老龄化与政治多极化、经济全球化、文化多样化和社会信息化交织重叠，涉老制度的改革和老龄事业发展呈现一定的共同趋势。任何国家都难以自我封闭、独善其身地应对老龄化问题，必须在互鉴、合作、共赢中构建应对人口老龄化的人类命运共同体。我们应主动借鉴其他国家的老龄政策和经验。同时，我国人口老龄化起步晚、速度快，任务重、基础弱，环境和条件复杂，文化底蕴特殊，人口老龄化的进程与社会转型、经济转轨相交织，与新型城镇化、社会信息化和国家治理现代化同步，这些特殊性使得我们必须努力探寻中国特色的老龄化应对之路，努力实现"中国特征"向构建"中国优势"转变。

（二）从历史演进看，中国的人口老龄化既有明显的长期性趋势，也呈现出许多阶段性特征

人口老龄化是贯穿中国 21 世纪始终的基本国情之一，人口老龄化的关键节点与中国全面建设社会主义现代化强国的步骤安排基本重叠。从现在到 2050 年，中国老年人口持续增加、老龄化持续加深。2050 年之后的约 50 年间，中国人口老龄化持续保持高位运行，预计

2024 年老龄化水平将超过 20%。"十四五"期间，中国进入中度老龄化。60 岁及以上老年人口将在 2025 年接近 3 亿，2033 年突破 4 亿，2050 年前后达到接近 5 亿的峰值；2035 年老年人在总人口中的占比将达到 30% 左右，中国将进入重度老龄化。2050 年之后的几十年间，中国老龄化水平将持续保持在 35% 以上，重度老龄化将持续到本世纪末。同时，受新中国三次人口出生高峰的影响，中国人口老龄化发展呈现出波浪式前进的特征，有几次明显的高峰期。"十四五"时期是中国人口老龄化进入急速发展的高峰阶段，老年人口年均增加超过 1000 万人，年均增长率约为 4%。同时，人口老龄化将呈现许多新的阶段性特征。一是老年群体发生代际更替。未来几十年间，20 世纪 60 年代和 70 年代两次生育高峰出生的人口将陆续步入老年期，预计到"十四五"末，"60 后"老年人口将占老年人口总数的 28% 左右，独生子女的老年父母和自身就是独生子女的老年人将快速增加，家庭空巢化、独居化、小型化、少子化的态势将更加凸显，这些新生代老年人大多面临上有高龄父母或祖父母需要照顾、下有孙辈需要照看的双重负担。二是老龄化的区域分布发生新变化。"十四五"期间，老龄化城乡倒置现象将进一步加剧，预计农村人口老龄化高出城市老龄化的程度将会进一步加深。部分人口净流出的农村和城市，将经历人口负增长和人口急速老龄化叠加。部分一、二线城市中心城区将面临老年人口高度聚集、过度老龄化与"大城市病"叠加的难题。老龄化的区域差异既会增加应对复杂性，也会提高政策回旋的空间。三是老年群体的需求结构转型升级。广大老年人的需求结构总体上呈现由生存型向发展型、享受型升级，从偏重物资保障型向追求高品位的精神文化生活转型转变。特别是新生代的老年人受教育程度更高、知识技能更强、服务需求更多元，对养老服务的品质提出了更高需求。老年人日益增长的美好生活需要与老龄事业发展不平衡不充分之间的矛盾将更加突出。我们必须从实现第二个百年奋斗目标、全面建成社会主义现代化强国和实现中华民族永续发展的历史和战略高度，切实增强责任感和紧迫感，着力推动老龄工作进入高质量发展的轨道。

（三）从生命进程看，老龄化绝不只是老年人的事情，也关乎各个年龄段的群体和每个人的全生命周期

老龄社会是不同年龄人群共存共荣的社会。老龄方针政策、应对老龄化战略不仅使老年人受益，也对中青年有影响。现收现付制度下的老年人养老和医疗保障有赖于年轻人的投入，老年人的照料服务也在相当程度上需要年轻人提供。人生的不同年龄阶段是一个相互关联的过程。老年人的生活保障与其年轻时的财富积累密不可分，老年期的健康水平在很大程度上取决于年少时的行为习惯。新时代老龄工作面临双重任务，一方面要根据老年人口占比的变化，适时调整完善相关政策措施，尽力满足老年人口在经济保障、医疗保健、精神慰藉等方面日益增长、愈趋多样化的需求；另一方面要兼顾好年轻人的需要，促进社会福利效益最大化。如何平衡好青年发展与老年保障，这是我们面临的时代课题，需要树立"全龄人群、全生命周期"理念，既聚焦当下老年人口的经济保障和公共服务，又支持年轻人成长进步，鼓励其主动为老年期做好物质储备、健康积累和精神准备，着力建设代际和谐的全龄友好型社会，促进社会公平正义和世代共建共治共享。

（四）从可能影响看，老龄化既潜藏着风险和挑战，也带来了红利和机遇

人口老龄化的影响带有全局性、长期性和双重性。一方面，人口老龄化势必给国家发展带来压力，同时，也会增添促进发展的新动力。在经济领域，人口老龄化可能导致劳动力老化且供给规模缩减、消费需求型人口比重提高和投资需求型人口比重下降、国民储蓄率走低、经济运行成本升高，等等，这些都会制约经济发展的活力、速度和效率，进而有可能制约国际竞争力提升。

同时，人口老龄化也会倒逼科学技术创新、产业结构调整、劳动力素质提升、就业结构和方式转型，促进供给侧和需求侧改革，创造新的消费需求，形成新的经济增长点，创造经济发展的新模式。我国广大老年人对美好生活的需要日益增长，这其中蕴含着巨大的消费潜力，数量众多的活力老年人也为经济发展提供了宝贵的人力资源，老年消费市场和老龄产业将成为未来我国经济发展的重要引擎。在社会领域，人口老龄化势必加大社会保障支出压力，加重社会与家庭的养老负担，导致养老服务和健康服务的供需矛盾更加突出，维持代际公平、社会和谐难度加大，传统的社会管理方式面临挑战，同时，也会促进基本公共服务供给的均等化和运行模式创新，促进老年人社会参与和完善社会治理结构。在政治领域，人口老龄化使老年人的思想政治工作面临新课题，对坚持和完善城乡居民自治制度提出了新的更高要求，同时也会促进完善民主决策、民主监督机制，发挥老年人特别是老干部等在执政兴国、维护社会政治稳定中的积极作用。在文化领域，人口老龄化的复杂背景使中华传统孝道文化的传承面临许多新情况新难题，而且，人口老龄化的持续

加深也对强化家庭养老责任提出新要求，促进全社会弘扬和创新养老尊老敬老文化。

（五）从工作基础看，中国应对人口老龄化取得了巨大成就，但老龄事业发展不充分不平衡的问题依然比较突出

党的十八大以来，党和政府坚持应对人口老龄化和促进经济社会发展相结合，坚持满足老年人需求和解决人口老龄化问题相结合，全面部署、协调推进老龄工作改革创新。

一是加强顶层设计。习近平总书记专门主持中央政治局集体学习，就我国人口老龄化的形势和对策发表重要讲话，科学分析了我国人口老龄化的形势及其影响，全面阐述了新时代老龄工作的原则、目标、方向和重点。党的十九届五中全会明确把积极应对人口老龄化列入国家战略。《中华人民共和国国民经济和社会发展第十四个五年规划和2035年远景目标纲要》设专章对"实施积极应对人口老龄化国家战略"作出部署。中共中央、国务院印发《关于加强新时代老龄工作的意见》《国家积极应对人口老龄化中长期规划》，国务院颁布并推动实施"十三五""十四五"国家老龄事业发展和养老体系建设规划。国务院还制定《老年教育发展规划（2016—2020年）》。老龄工作布局的前瞻性、系统性、针对性明显增强。

二是老龄政策法规不断完善。修订《老年人权益保障法》，所有省份都制定了该法的配套法规。公共文化、基本医疗和公共卫生、民法典等专门法律增加涉老条款。养老服务、老年人医疗服务和康复护理等方面的管理规范、技术标准密集出台。以宪法为核心、老年人权益保障法

为主体，以相关法律、行政法规、部门规章、地方性法规和其他规范性文件为支撑，中国特色的老龄政策法规体系初步形成。老龄领域政策法规的系统性、协同性、时效性明显增强。

三是老龄事业改革创新统筹推进。统一城乡居民基本养老保险制度和基本医疗保险制度，实现机关事业单位和企业养老保险制度并轨。建立健全特困人员救助供养制度、企业职工基本养老保险基金中央调剂制度、养老服务综合监管制度、老年人意定监护制度、居家老年人巡访关爱服务制度。推进养老服务领域"放管服"改革、公办养老机构综合改革，启动长期护理保险制度试点、个人税收递延型商业养老保险试点、养老服务业综合改革试点、医养结合试点。稳步调整优化生育政策，研究实施渐进式延迟退休政策，调整各级老龄工作机构和协调机制，等等。

四是对老年人的保障和服务水平显著提升。基本医疗保险、基本养老保险几乎实现全覆盖。企业退休人员养老保险待遇、城乡居民基础养老金水平不断提升。城乡老年贫困人口全部纳入低保和扶贫等救助范围。高龄津贴、养老服务补贴和护理补贴等福利制度全面建立。老年人医疗保障和健康服务不断加强。养老服务的供给能力和服务质量明显提升。

五是优化养老、孝老、敬老的社会环境。国家制定和实施老年人照顾服务项目，出台帮助老年人学习数字技术的政策文件，实行个人所得税赡养老人专项附加扣除政策。老年优待政策不断完善。老年宜居环境建设和老年友好型社会建设稳步推进。为老志愿服务日益丰富。老年人社会参与的渠道不断拓宽。老年人合法权益保护力度加大。可以说，新时代老年人的获得感、幸福感、安全感空前提升。

同时，与新时代老年人过上幸福生活的期盼相比，我国老龄工作的思想观念、政策措施、工作基础、体制机制等存在明显的不适应，老龄事业与经济社会发展结合得不够紧密。主要表现在：一些地方和部门对老龄工作的战略性、重要性、紧迫性认识不足、重视不够；老龄政策法规的针对性、协调性、系统性有待加强，有些关键问题还需深入研究，政策碎片化、重点不突出、落实落地难等问题依然存在；老龄产业发展活力尚未充分激发，老年人保障和服务供给不足、发展不均衡；老龄工作机构力量弱，一些地方市县两级机构不健全，协调推进工作难度较大。这些问题和短板在一定程度上制约了积极老龄观、健康老龄化理念与经济社会发展的深度融合，必须提高认识、着力解决。

二、准确把握积极老龄观、健康老龄化融入经济社会发展全过程的总体要求和基本方向

落实把积极老龄观、健康老龄化理念融入经济社会发展全过程的要求，关键要完整、准确认识其时代和精神实质，真正贯彻到积极应对老龄化的各项工作中去。

（一）准确理解积极老龄观、健康老龄化的核心要义

习近平总书记强调，要积极看待老龄社会，积极看待老年人和老年生活。这为增强全社会积极应对人口老龄化的思想观念指明了方向。对社会而言，就是要充分认识老年人的经验、智慧等优势，注重为发挥老年人积极作用、促进老年人社会参与创造良好条件，深入挖掘老龄社会潜能，激发老龄社会活力。对老年人而言，就是要把老年看作人的生命中仍然可以有作为、有进步、有快乐的重要阶段，始终保持乐观、向上

的心态，实现养学、养为结合。树立和践行积极老龄观是实现老年人健康长寿、社会协调发展的必要条件。同时，健康老龄化是积极老龄观的必要内容。推进健康老龄化，必须把人民健康放在优先发展的战略地位，以普及健康生活、优化健康服务、完善健康保障、建设健康环境、发展健康产业为重点，加快推进健康中国建设，全方位、全周期保障人民健康，为实现中华民族伟大复兴的中国梦打下坚实的健康基础。实现健康老龄化，必须完善覆盖全生命周期的健康服务，推动卫生健康事业同国家整体战略紧密衔接，加快形成有利于健康的生活方式、生产方式、经济社会发展模式和治理模式，实现人民健康和经济社会良性协调发展。

（二）落实及时、科学、综合应对人口老龄化的总体要求

这"三个应对"的落脚点在于综合应对，及时应对、科学应对为综合应对创造必要条件。综合应对就是要加强统筹协调，坚持应对人口老龄化和促进经济社会发展相结合，坚持满足老年人需求和解决人口老龄化问题相结合，坚持老龄事业和产业协同发展，努力挖掘人口老龄化给国家发展带来的活力和机遇，协同推进健康中国战略和积极应对人口老龄化国家战略，多角度谋划，全方位发力，多部门协同，实现老龄事业全面协调可持续发展。

（三）坚持党委领导、政府主导、社会参与、全民行动相结合的方针

老龄工作的政治性、全局性、战略性、多元性、复杂性，决定了只有发挥各级党组织总揽全局、协调各方的领导核心作用，才能把准方向、凝聚力量，协调行动、增强合力。政府主导，就是要落实各级政府对老

龄事业发展的财政投入、资源配置、政策引导、规划引领、法律规制、督促检查等方面的应尽职责。社会参与，就是要拓宽全社会关心、支持、参与老龄工作的渠道。全民行动，就是要把老龄事业发展当作全体人民共同的事业，加强全龄人群和全生命周期的养老储备，形成人人参与、人人尽力、人人享有的局面。

（四）推动形成符合积极老龄观、健康老龄化要求的工作理念和思路

加强人们全生命周期养老准备转变，向同时注重老年人物质文化需求、全面提升老年人生活质量转变。实现以治病为中心向以健康为中心转变，从生命全过程的角度，从生命早期开始，对所有影响健康的因素进行综合、系统的干预。

三、深入推进积极老龄观、健康老龄化理念融入经济社会发展全过程

"十四五"时期依然是中国应对人口老龄化的重要战略窗口期，实现国家高质量发展对老龄事业改革发展提出了新要求、提供了新机遇。要强化系统观念，主动把老龄事业融入经济社会发展全局。

（一）加强人口老龄化的知识普及和宣传引导

进一步引导全民积极看待个体衰老和社会老龄化。综合考虑生理年龄、身体功能、认知能力、心理健康等多方面因素，更加科学、全面地定义"老年"，消除对"衰老"的害怕和恐惧。在全社会开展人口老龄化国情教育、老龄政策法规教育，在国民教育、精神文明创建、文化产

品创作和传播之中，加强和创新对老年人正面形象和积极作用的宣传，引导全社会增强接纳、尊重、帮助老年人的关爱意识和老年人自尊、自立、自强的自爱意识。

（二）将积极老龄观、健康老龄化理念融入经济社会政策的方方面面

一方面，推动公共政策和社会服务贯彻"年龄平等"的原则，体现积极老龄化的视角，消除经济社会生活中的"年龄歧视"现象。另一方面，在产业政策中充分考虑人口老龄化的因素。加快发展银发经济，研究制定老龄产业引导目录、发展规划和标准体系，开展老龄产业发展状况监测；推进老龄产业科技创新平台建设，鼓励开发适合老年人特点和需求的各类产品和服务项目，推动养老服务与教育、医疗、保险、健康、体育、文化、旅游等产业融合发展。

（三）大力强化老年人社会保障、养老服务、健康支撑

一是进一步完善养老和医疗保障制度。完善城镇职工基本养老保险和城乡居民基本养老保险制度，尽快实现基本养老保险全国统筹；加快发展企业（职业）年金、个人储蓄性养老保险和商业养老保险。完善基本医疗保障制度，加快发展商业健康保险，加快长期护理保障制度试点，推进异地住院就医费用直接结算。二是持续推动养老服务提质增效。着力解决养老服务用地难、融资难、用工难、经营难问题；加快补齐老年人精神关爱、心理疏导等短板；实施基本养老服务制度，推进基本养老服务均等化；增加居家社区养老服务的有效供给，推动居家、社区和机构养老服务融合发展；提升农村敬老院服务能力和水平，大力发展农村

互助养老服务；建立完善独居、空巢老人定期探访制度、关爱服务制度；健全养老服务综合监管制度，提升综合监管水平。加大老年教育、文化、体育、旅游等服务供给。三是构建"预防、治疗、照护"三位一体的老年健康服务模式。推进老年人健康知识和健康生活方式普及，加强对老年人膳食习惯的科学指导，强化对老年人常见病和慢性病的早诊早治、规范治疗、医防协同。加强老年医疗设施和服务能力建设。发挥中医药在老年人健康维持、疾病预防和治疗康复中的特殊功效。深化医养、康养结合。

（四）进一步营造养老、孝老、敬老的社会环境

一是弘扬中华民族孝亲敬老的优良传统。完善有利于子女履行赡养、照料老年父母责任的支持政策，深入开展中华孝道文化传承和创新活动，探索以"时间银行"为载体的助老志愿服务新途径。丰富和提升老年社会优待服务。二是加强老年宜居环境建设。推进老年友好型社区示范创建，加强居住社区的公共场所和设施的适老化、无障碍改造和建设。支持开发老年宜居住宅。建设老年人便捷舒适的出行环境。帮助老年人跨越"数字鸿沟"。三是为老年人参与社会发展提供更多便利条件。积极开发老年人力资源，推动渐进式延迟退休政策尽快落地，加强老年人才供需信息平台建设。鼓励老年人参与各种志愿服务，注重在乡村振兴、城乡社区治理、扶贫帮困、公益慈善等活动中发挥老年人的特长和优势。

（五）健全有利于落实积极老龄观和健康老龄化理念的体制机制

一是切实加强党对老龄工作的领导。发挥各级党委总揽全局、协调各方的领导核心作用，将老龄事业发展重点任务纳入经济社会发展规划，

纳入党委政府的工作部署和议事日程。将人口老龄化国情教育纳入党委（党组）理论中心组学习内容，纳入各级党校（行政学院）培训内容，纳入干部网络教育和培训课程，推动各级领导干部自觉承担起领导老龄工作的职责。二是落实各级政府对老龄事业发展的应尽职责。建立健全相关的经费投入、资源配置、政策引导、规划引领、法律规制、督促检查等方面工作机制。三是健全社会参与机制。重点发挥各级各类群团组织的积极作用，激发企事业单位、社会组织等各方面力量参与老龄工作的积极性，鼓励社会资本参与老龄事业发展；加强全龄人群和全生命周期的养老储备。

第一章　中国人口老龄化发展及其应对

中国的人口老龄化起步较晚，但人口基数大，发展速度快。中国政府高度重视，采取了一系列措施积极应对。特别是党的十八大以来，制定出台了一系列政策规划，建立起比较完善的社会保障体系、养老服务体系、健康支撑体系和老年友好环境体系。现在，积极应对人口老龄化已经上升为国家战略，积极老龄观健康老龄化理念逐渐成为社会共识，为国家更好应对人口老龄化奠定了基础。

第一节　中国人口老龄化状况

人口老龄化是经济社会发展的必然结果，已经成为全球普遍趋势。中国于 2000 年进入人口老龄化社会，2021 年进入中度老龄化社会，并将于 2035 年前后进入重度老龄化社会。中国是发展中的人口大国，人口老龄化具有规模大、速度快、区域差异大、未富先老等特点，应对人口老龄化的任务艰巨且充满挑战。

一、中国人口老龄化进程

（一）人口老龄化的世界趋势

在传统农业社会，人口出生率较高，死亡率也较高，社会人口以年轻人为主。近现代以来，工业革命的爆发极大提高了劳动生产率，医疗技术进步和公共卫生事业获得巨大发展。在这一时期，人口出生率仍然较高，但死亡率迅速下降，人们的寿命不断延长，老年人越来越多。随着后工业社会到来，受市场经济和现代价值观影响，人们的生育意愿不断降低，人口出生率显著下降。社会人口中的老年人持续增多，人口老龄化问题逐渐凸显。

所谓人口老龄化，是指一个国家或地区在一定时期内老年人数量占总人口比例不断上升的现象和过程。根据 20 世纪中叶世界卫生组织提出的标准，一个国家或地区 60 岁及以上人口数占总人口比例达到 10%，或 65 岁及以上人口数占总人口比例达到 7%，这个国家或地区就成为人口老龄化社会。如果 65 岁及以上人口数占总人口比例达到 14%，就成为中度老龄化社会，也称为老龄社会；65 岁及以上人口数占总人口的比例达到 21%，就成为重度老龄化社会，也称为超老龄社会。人口老龄化成为全球趋势后，世界卫生组织提出了新的年龄分段：44 岁及以下为年轻人，45 到 59 岁为中年人，60 到 74 岁为年轻老年人，75 到 89 岁为老年人，90 岁及以上为长寿老人。与 20 世纪初期相比，20 世纪末人类寿命平均延长了 30 岁，这是人类战胜自然取得伟大成就的标志之一。因此，1999 年时任联合国秘书长安南指出，人类进入了"长寿时代"。

19 世纪末期，人口老龄化现象首先出现在发达国家。到 20 世纪 40 年代，欧洲大部分国家都成为老年人口比重较高的国家。1970 年，日本的人口年龄结构由成年型转变为老年型，是亚洲最早进入老龄化社会的国家，也是目前全世界老龄化程度最高的国家。进入 21 世纪，越来越多发展中国家开始了人口老龄化进程，而且发展非常迅速。目前，欧洲是全球老龄化程度最高的地区。亚洲的人口老龄化程度虽然不像欧洲和北美洲那么严重，但由于亚洲人口基数巨大，未来的老龄化问题将非常突出。

从 20 世纪 70 年代开始，人口老龄化问题在西方国家日益受到重视。由于人口老龄化带来诸多社会压力，包括劳动力老化、社会积累下降、福利支出困难等，社会上对老年人的观念普遍比较消极。在个体层面，认为老年人都是衰老的、带病的、需要照顾的；在社会层面，认为人口老龄化不仅带来劳动力短缺，高龄老人还需要更多照顾，这些都加剧了社会负担。因此，欧美等西方发达国家越来越重视人口老龄化带来的一系列社会影响，并开始从政策层面寻求新的社会整合与平衡机制。

为应对全球人口老龄化问题，联合国采取了一系列行动。1982 年，第一届老龄问题世界大会在奥地利首都维也纳举行，通过了《国际老龄问题行动计划》（又称《维也纳计划》）。《维也纳计划》在就业和收入保障、保健、住房、教育和社会福利等方面提出了若干倡议。从此，人口老龄化成为历届联合国大会的重要议题。1990 年，联合国大会将每年的 10 月 1 日规定为国际老年人节。1991 年，联合国大会通过了《联合国老年人原则》，确立"独立、参与、照顾、自我充实、尊严"为老年人地位的五个普遍性标准。1992 年，联合国召开老年问题国际会议，通过了《联合国老龄问题宣言》，并宣布 1999 年为国际老年人年。

进入 21 世纪，人口老龄化对人类社会发展将产生深远影响的国际共识更加成熟。2002 年，第二届世界老龄大会在西班牙首都马德里召开。会议发起了有关老龄问题的新的国际行动计划——《马德里老龄问题国际行动计划》（又称《马德里计划》），并通过了世界卫生组织提议的"积极老龄化"政策框架，将健康、保障和参与作为积极老龄化的三个支柱。会后，联合国各区域委员会制定了区域性实施战略，协助各国政府制定实施国家战略。此后，联合国社会发展委员会每五年对《马德里计划》

进行一次回顾和评估，极大地推进了积极老龄化的全球政策实践。

中国政府派代表团参加了联合国召开的第一次和第二次世界老龄大会，还承办了第二次世界老龄大会亚太地区后续行动会议，以及一系列国际和地区性老龄会议，成为国际社会推动积极老龄化的重要力量。

（二）中国 2000 年进入人口老龄化社会

20 世纪上半叶，中国的医疗卫生条件落后，医疗服务设施短缺，传染性疾病流行。加上连年战争和自然灾害，国家经济凋敝，人民普遍贫困。在这样的社会环境中，大量人口营养不良，健康水平低下。20 世纪下半叶，社会环境恢复和平，国家医疗卫生事业逐步发展，人口死亡率快速下降。老年人数量占人口总数的比例逐渐升高，社会人口结构逐渐由年轻型转变为成年型。

1953 年，中国开展了第一次全国人口普查。普查结果显示，全国 60 岁及以上的老年人数量占总人口比例为 7.56%。由于 1959 到 1961 年发生的自然灾害以及其他历史原因，1964 年第二次全国人口普查时，60 岁及以上的老年人数量占总人口比例下降至 6.98%。此后，中国老年人数量占总人口比例持续上升，2000 年超过 10%，进入人口老龄化社会。

2000 年第五次全国人口普查数据显示，中国 60 岁及以上人口有 1.26 亿，占总人口比例超过 10%，标志着中国由成年型社会进入到人口老龄化社会。此后，中国人口老龄化发展迅速，老年人在总人口中的占比不断提高。2010 年第六次人口普查时，60 岁及以上的老年人数量有 1.78 亿，占总人口比例为 13.26%。2020 年第七次全国人口普查，60 岁及以上人口数量已经超过 2.64 亿，占总人口比例的 18.7%。从 2000 年到 2020 年，中国老年人的数量翻了一番。

表 1-1 中国第一次到第九次全国人口普查分年龄段人口数据

年份	总人口数（万人）	各年龄段人口比重（%）				
		0-14 岁	15-59 岁	15-64 岁	60 岁 +	65 岁 +
1953	59435	36.28	56.16	59.31	7.56	4.41
1964	69458	40.69	52.33	55.75	6.98	3.56
1982	100818	33.59	58.77	61.50	7.63	4.91
1990	113368	27.69	63.71	66.74	8.59	5.57
2000	126583	22.89	66.79	70.15	10.31	6.96
2010	133972	16.60	70.14	74.53	13.26	8.87
2020	141178	17.95	63.35	68.55	18.70	13.50

资料来源：1953 年、1964 年、1982 年、1990 年、2000 年、2010 年和 2020 年全国人口普查资料

（三）中国 2021 年进入中度老龄化社会

根据第七次全国人口普查数据，到 2020 年，除西藏外，中国各省、市（自治区）都已进入人口老龄化社会。其中有 12 个省（市 / 自治区），65 岁及以上人口占总人口比例超过 14%，已经进入中度老龄化社会。这 12 个省（市 / 自治区）依次是：辽宁、重庆、四川、上海、江苏、黑龙江、吉林、山东、安徽、湖南、天津、湖北。西藏人口老龄化程度最低，只有 5.67%，尚未进入人口老龄化阶段。

第七次全国人口普查数据显示，中国老龄化程度最高的地区并不是经济最发达的大城市，而是劳动年龄人口大量流出且生育率较低的地区，比较突出的如东北地区。作为中国最大城市之一的北京，65 岁及以上的老年人占比为 13.3%，低于全国平均水平（13.5%），在全国省份中排在第 16 位。主要原因是，像北京这样的大城市，常住人口中有大量外来青壮年务工人员，这些外来务工者稀释了这些大城市户籍人口的老龄化程度，在总体上降低了其老龄化水平。

根据国家统计局数据，至 2021 年末，中国 60 岁及以上人口已经达到 2.67 亿，占全国总人口的比例为 18.9%；65 岁及以上人口有 2.01 亿，占全国总人口的比例为 14.2%。根据这一数据，中国在整体上已经跨入中度老龄化社会。至 2022 年末，中国 60 岁及以上人口 2.8 亿，占总人口比例 19.8%，65 岁及以上人口 2.1 亿，占总人口比例 14.9%。

二、中国人口老龄化特点

中国是世界上最大的发展中国家。与发达国家相比，中国的人口老龄化具有绝对规模大、发展速度快、区域差异大、城乡差异大、低龄化显著、未富先老和未备先老等特点。

（一）绝对规模大

中国是世界上唯一老年人口超过 2 亿的国家。据全国老龄办预测，到 2025 年，中国老年人口超过 3 亿，占总人口的五分之一；到 2033 年将突破 4 亿，占总人口的四分之一；2053 年达到峰值 4.87 亿，占比超过总人口的三分之一。本世纪中叶，中国老年人口的数量，占届时亚洲老年人口的五分之二，全球老年人口的四分之一。

（二）发展速度快

中国的人口老龄化发展迅速，是世界上人口老龄化速度最快的国家之一。从 2000 年至 2010 年，中国总人口的年均增长率为 0.57%，而 60 岁及以上老年人的年均增长率为 3.09%。2010 年至 2013 年期间，中国总人口的年均增长率为 0.01%，而 60 岁及以上老年人的年均增长率为 5.0%。[1] 据全国老龄办预测，从 2015 年到 2035 年，中国老年人口的年均增长数量为 1000 万左右。预计 2035 年前后，中国将进入重度老龄化阶段。

在世界范围内，西方发达国家从轻度老龄化社会发展为重度老龄化社会，大多用了一百多年时间。亚洲国家用时较短，如日本用了 36 年，预计中国将在更短时间内成为重度老龄化社会。在人口大国中，中国的人口老龄化发展速度无疑是最快的。

（三）区域差异大

中国地域广阔，不同地区的人口老龄化程度差异很大。早在 1979 年，上海的人口结构就转变为老年型，是中国最早进入人口老龄化社会的城市。随后，北京、天津、江苏、浙江、山东、广东、辽宁、四川等省市的人口年龄结构相继转变为老年型。

从全国看，东部大部分地区的人口老龄化程度比较高，这与中国东部地区的经济发展水平较高、人均预期寿命较长有一定关系。相对而言，部分西部省市的老龄化程度还比较低。宁夏、青海、新疆是最晚进入人口老龄化社会的省份，而西藏至今尚未进入人口老龄化社会。

除了经济发展水平的影响，人口老龄化发展区域不均衡主要受到人口流动的影响。过去 20 余年，随着中国城镇化步伐的快速推进，中西部地区越来越多青壮年劳动力和少儿人口迁入东部地区。这种人口迁移带来的一个结果就是，东部地区的老龄化程度得到一定程度缓解，而劳动力大量输出的中西部省市的人口老龄化程度显著升高。

---

1 姜向群、杜鹏主编，《中国人口老龄化和老龄事业发展报告 2014》，北京：中国人民大学出版社，2015 年，第 3 页。

（四）城乡差异大

在率先进入人口老龄化社会的欧美国家，人口老龄化现象一般先出现在城市，中国也是如此。然而，在城镇化进程中，大量农村青壮年到城市务工并长期居住，留守老人和留守儿童现象非常普遍。随着城镇化持续推进，越来越多儿童跟随父母到城市居住生活，这更加剧了农村的人口老龄化程度。与城市相比，由于中国农村的经济发展水平、社会保障水平和社会服务水平相对落后，农村应对人口老龄化比城市有更多困难，也要面对更为严峻的挑战。

根据历次全国人口普查数据，2000 年农村老年人口比例比城市高0.84 个百分点，2010 年增长为 3.5 个百分点。[2] 2020 年 60 岁及以上的老年人口，农村占比为 23.81%，城市占比为 15.82%，农村比城市的老龄化程度高出 7.99 个百分点。预计在 2050 年之前，中国农村人口老龄化程度将始终高于城市。

（五）低龄化显著

虽然目前中国的人口老龄化程度较高，但在老年人群体中，大部分是 60 到 69 岁的低龄老年人。2020 年第七次全国人口普查数据显示，低龄老年人占老年人总数的比例为 55.83%，人数约有 1.5 亿。与早一辈老年人相比，新一代老年人的整体素质更高。出生于 20 世纪 50 年代和 60年代初期的"新老年"群体，青壮年时期恰逢国家经济快速发展、生活水平大幅提高的时代，与出生于新中国成立之前的老年人相比，他们的健康状况更好、受教育程度更高、社会保障待遇更优，因此更具独立意识，

---

2 邬沧萍主编，《全面建成小康社会积极应对人口老龄化》，北京：中国人口出版社，2016 年，第 42 页。

社会参与意愿也更强烈。

自 20 世纪 70 年代末中国实施改革开放政策以来，劳动年龄人口增长带来人口红利，极大地促进了国家经济发展。进入 21 世纪后，随着人口老龄化程度不断加深，劳动年龄人口数量减少，传统的人口红利逐渐消失。根据人口老龄化先行国家的经验，鼓励老年人继续工作有利于缓解年轻劳动力短缺的负面影响。中国目前还处在低龄老年人为主的阶段，充分发挥低龄老年人的积极作用，通过开发老年人力资源创造新的人口红利机遇，将是一个重要的社会议题。

（六）未富先老和未备先老

西方发达国家在进入人口老龄化社会时，人均国内生产总值（GDP）一般在 5000-10000 美元左右，而中国进入人口老龄化社会时的经济发展水平较低，人均 GDP 尚不足 1000 美元。应对人口老龄化需要一定的经济基础，与发达国家相比，中国应对人口老龄化的挑战更加艰巨。中国是在经济发展水平不高、综合国力不强、人民生活水平还比较低的情况下进入人口老龄化社会的，具有"未富先老"的特点，因此不能照抄西方模式，而要根据中国的国情和文化传统，探索一条具有中国特色的应对人口老龄化道路。[3]

近年来，中国经济社会发展取得巨大进步，已经成为世界第二大经济体。因此有观点认为，中国人口老龄化不再具有"未富先老"的特点。然而也要注意到，中国经济发展的区域差异和城乡差异较大，大部分地区的经济发展水平仍然不高，"共同富裕"是全社会努力奋斗的目标。

---

3 邬沧萍主编，《全面建成小康社会积极应对人口老龄化》，北京：中国人口出版社，2016 年，第 42—43 页。

中国的人口老龄化还具有"未备先老"的特点，即中国是在制度尚不完善的条件下进入人口老龄化社会的。与"未富先老"相比，中国应对人口老龄化的更大挑战是。能否在经济、社会转型和人口迅速老龄化的条件下，建立起公平、合理、有效的国家制度安排和社会应对机制。[4] 自 2000 年进入人口老龄化社会以来，中国的社会保障和福利服务体系逐步建立健全，但中国作为人口大国，相关的社会制度和公共政策还有很多需要继续完善，未来应对人口老龄化的任务依然艰巨并充满挑战。

三、中国人口老龄化趋势

（一）老龄化程度提高

导致一个社会的人口年龄结构老化通常有两个原因。第一，生育率下降。低生育率使得年轻人口增长缓慢，年轻人数量在总人口中的比重降低。中国的计划生育政策，加速了人口生育水平在短时间内快速下降。第二，人均预期寿命延长。老年人数量大幅增加，老年人在总人口中的比重相应升高。

随着中国工业化、城镇化和现代化进程的推进，人们的生育观念发生了很大改变。加上养育孩子的成本不断提高，而幼儿照顾服务资源相对短缺，使得人们的生育意愿进一步降低。国家卫生健康委的调查显示，近年来中国育龄妇女平均打算生育子女数不断下降，2017 年为 1.76 个，2019 年下降为 1.73 个，2021 年进一步下降到 1.64 个。低龄群体的生育意愿更低。2021 年的调查显示，"90 后"和"00 后"平均打算生育

4 李建民，《"未富先老"不是中国老龄化的本质特征》，http://news.nankai.edu.cn/gnjt/system/2007/08/07/000009012.shtml。2007 年 8 月 7 日

子女数仅为 1.54 个和 1.48 个。可以预期，未来中国社会少子老龄化的特点将更加突出。

与此同时，老年人数量将大幅上升。1949 年新中国成立后，中国有三次人口出生高峰，当出生高峰人群进入老年期时，就带来人口老龄化浪潮。第一次人口出生高峰出现在 1950 年至 1958 年期间，相应的人口老龄化高峰发生在 2010 年至 2018 年。1962 年至 1975 年是第二次人口出生高峰，相应的，中国将在 2022 年至 2035 年间迎来第二次人口老龄化浪潮。第三次人口出生高峰发生在 1981 年至 1994 年，因此中国将于本世纪中叶迎来第三次人口老龄化浪潮，届时中国的老年人数量将接近 5 亿。

（二）高龄化程度加深

随着生育率降低和老龄化程度加深，中国的人口老龄化将进一步呈现出高龄化趋势。所谓高龄化是指，一个国家或地区 80 岁及以上的高龄老年人占全体老年人比例上升的趋势和过程。目前中国的老年群体中，仍然以低龄老年人为主，但低龄老年人占比呈现出下降趋势。2000 年，中国 60 到 69 岁的低龄老年人占老年人总数的 58.84%，2020 年这一比例下降为 55.83%。而 80 岁及以上的高龄老人占比却在快速增长。2000 年，80 岁及以上高龄老人占老年人总数的比例为 9.23%，2020 年这一比例上升到 13.56%。

可以预期，随着人们寿命越来越长，高龄老年人将越来越多，高龄老人在老年群体中的占比还将不断提升。据全国老龄办预测，到本世纪中叶，中国高龄老年人口数量将占世界高龄老年人口总数的四分之一，相当于发达国家高龄老年人口的总和；到本世纪末，中国老年人中的三分之一是高龄老人。[5]

高龄化将在养老保障、福利服务、健康支持、环境建设等各个领域给中国社会带来更大挑战。以养老服务为例，随着年龄增长，老年人身体机能不断下降，生活自理能力逐渐降低，对生活照料和长期照护的需求大幅增长。而中国家庭规模越来越小，全国平均家庭户规模从 2010 年的 3.1 人下降为 2020 年的 2.62 人，家庭的养老功能日益弱化。当前，中国的社会化养老服务尚不充分，特别是农村地区的养老服务还处在起步阶段，如何满足高龄老年人在生活照料、长期照护，以及医疗卫生服务等方面的需求，将是中国应对人口老龄化的巨大挑战。

第二节　中国老龄事业及其成就

2000 年进入人口老龄化社会后，中国老龄工作机制逐步健全，老年人社会组织日益完善。党的十八大以来，中国政府更加重视老龄工作，大力推动发展养老保障和社会服务等制度和体系建设，老年人综合素养大幅提升，国家老龄事业取得长足进步。

一、中国老龄事业发展阶段

（一）前老龄社会阶段

1949 年中华人民共和国建立之初，居民的人均预期寿命约 39 岁，还处于年轻型社会。从那时到 2000 年的近 50 年，可称为前老龄社会阶段。

5　国家应对人口老龄化战略研究总课题组，《国家应对人口老龄化战略研究总报告》，北京：华龄出版社，2014 年，第 8 页。

在这个阶段，中国社会百废待兴，社会建设任务繁重。相关老龄工作主要体现在国家建立劳动保险制度和退休管理办法等方面。国家相继发布了《中华人民共和国劳动保险条例》（1951）、《关于全国各级人民政府、党派、团体及所属事业单位的国家工作人员实行公费医疗预防的指示》（1952）、《国家机关工作人员退休处理暂行办法》（1955）等政策文件，规定了干部职工的生育、养老、疾病、伤残、死亡等保险待遇，开始逐步建立养老保险制度和医疗保险制度。在农村经济发展水平较低的情况下，建立了农村合作医疗制度，基本解决了农民的就医问题。

对于丧失劳动能力和没有家人照顾的老年村民，《1956年到1967年全国农业发展纲要》（1960）规定，农业合作社对于缺乏劳动能力、生活没有依靠的鳏寡孤独社员，做到保吃、保穿、保烧（燃料）、保教（儿童和少年）、保葬。城市社会福利院收养安置了大量无家可归、无依无靠、无生活来源的孤寡老人，这是中国社会救济福利事业的开端。

1982年，中国政府组建代表团参加了第一届老龄问题世界大会。通过参会，中国政府认识到人口老龄化的趋势和未来对经济社会发展可能产生重大影响，所以更加重视老龄问题。1984年，第一次全国老龄工作会议在北京召开。在这次会议上，首次提出了"五个老有"的老龄工作目标，即"老有所养、老有所医、老有所学、老有所为、老有所乐"。

1994年，国家计委、民政部、中国老龄问题全国委员会等10部门联合印发《中国老龄工作七年发展纲要（1994-2000）》，这是中国第一部老龄工作中长期规划。1996年，颁布了第一部保护老年人权益的专项法律《中华人民共和国老年人权益保障法》（简称《老年人权益保障法》），标志着中国老龄事业进入法治保障阶段。

总的看，在前老龄社会阶段，虽然人口年龄结构仍然年轻，但国家十分重视退休人员和老年居民的基本权益，制定了维护老年人基本生存权利的政策法规。在国际社会的影响下，逐步认识到人口老龄化将是世界人口普遍的发展趋势。基于中国的基本国情，积极建立老龄工作机构，开始制定老龄工作中长期规划，颁布保障老年人合法权益的专项法律，为以后国家老龄事业继续健康发展奠定了坚实基础。

（二）老龄化社会阶段

自 2000 年进入人口老龄化社会，中国老龄事业的发展可分为三个阶段。[6]

1. 2000—2011 年：探索发展期

2000 年进入人口老龄化社会后，国家开始全面部署老龄工作。2000年 8 月，中共中央、国务院出台了《关于加强老龄工作的决定》，成为指导国家老龄工作的纲领性文件。该《决定》强调，"老龄问题涉及政治、经济、文化和社会生活诸多领域，是关系国计民生和国家长治久安的一个重大社会问题。"

2001 年 7 月，国务院颁布了第一个老龄事业五年规划《中国老龄事业发展"十五"计划纲要》，标志着中国老龄事业开始纳入国民经济和社会发展五年规划当中。2006 年，全国老龄委发布《中国老龄事业发展"十一五"规划》；2010 年，国务院颁布《中国老龄事业发展"十二五"规划》。在此期间，国务院有关部门和地方各级人民政府，都依据全国规划，分别制定本部门的老龄工作行动计划和本地方的老龄事业发展规划。

---

6 本节关于中国老龄事业发展的三个阶段的论述，参考吴玉韶、赵新阳文章，《中国老龄政策二十年：回顾与启示》，《老龄科学研究》，2021 年第 10 期。

这一时期，国家在养老保障和养老服务领域制定出台了不少政策。首先，在养老保障领域，探索建立城镇居民基本医疗保险试点、新型农村养老保险制度、农村低保制度、城市医疗救助制度等。2010 年，颁布《中华人民共和国社会保险法》。部分省、自治区、直辖市建立了高龄津贴制度。其次，在养老服务领域，2006 年，国务院办公厅转发全国老龄委办公室和发展改革委等部门《关于加快发展养老服务业意见的通知》。2008 年，全国老龄委办公室、发展改革委等部门联合发布《关于全面推进居家养老服务工作的意见》。组织召开全国居家养老工作经验交流会，为各地养老服务和居家养老服务发展提供经验。

2. 2012—2018 年：快速发展期

党的十八大召开后，国家更加重视老龄工作，通过顶层设计大力推动养老服务业发展，多个领域的政策密集出台。

2012 年 12 月，《老年人权益保障法》第一次进行全面修订，提出"积极应对人口老龄化是国家的一项长期战略任务"。2016 年 3 月，《中华人民共和国国民经济和社会发展第十三个五年规划纲要》设立"积极应对人口老龄化"专章。2016 年 5 月，习近平总书记主持中央政治局第 32 次集体学习，就积极应对人口老龄化、发展老龄事业、做好老龄工作发表重要讲话，分析中国人口老龄的特点，面临的机遇和挑战，对推进老龄事业全面协调可持续发展作出部署安排。

2013 年，国务院出台《关于加快发展养老服务业的若干意见》和《关于促进健康服务业发展的若干意见》，这一年也被业界称为养老服务业发展元年。此后，有关养老服务和健康服务领域的政策文件大量出台，居家养老服务广泛试点，医养康养和老年健康服务体系建设全面推进。

2016 年 10 月，全国老龄工作委员会办公室举办"学习贯彻习近平总书记关于加强老龄工作重要讲话精神高层论坛"

老龄产业领域大力推进"放管服"改革，产业活力快速提升，老龄产业发展取得突破进展。2017 年，国务院把中国老龄事业发展规划与社会养老服务体系建设规划合并，印发了《"十三五"国家老龄事业发展和养老体系建设规划》。

老龄事业在其他领域也有进一步发展。从 2012 年开始，全国老龄委组织开展"敬老文明号"创建活动、"敬老爱老助老模范人物"评选表彰活动，以及"敬老月"活动。2018 年 2 月，全国老龄办、中共中央组织部、中共中央宣传部等 14 部门印发《关于开展人口老龄化国情教育的通知》，在全社会开展人口老龄化国情教育活动，收到了良好的社会效益。

2019 年 12 月，中国老龄科学研究中心举办"2019 中国老龄科学年会"，
我国著名老年学家邬沧萍教授发表演讲

3. 2019 年至今：战略发展期

2019 年 6 月，中共中央、国务院印发《国家积极应对人口老龄化中长期规划》，从国家战略层面确立了中长期应对人口老龄化的全方位部署和安排，为相关配套政策绘制了时间表和路线图。

2020 年 11 月，党的十九届五中全会通过《中共中央关于制定国民经济和社会发展第十四个五年规划和二〇三五年远景目标的建议》，明确提出，"实施积极应对人口老龄化国家战略"，要求以"一老一小"为重点完善人口服务体系。

2021 年 7 月，中共中央国务院颁布《关于优化生育政策促进人口长期均衡发展的决定》，从优化生育政策、实施一对夫妻可以生育三个子

2020 年 12 月，第二届新时代积极应对人口老龄化高端研讨会

女政策和配套积极生育支持措施等多个方面，促进人口长期均衡发展。

2021 年 11 月，中共中央、国务院印发《关于加强新时代老龄工作的意见》，提出总体要求："实施积极应对人口老龄化国家战略，把积极老龄观、健康老龄化理念融入经济社会发展全过程，加快建立健全相关政策体系和制度框架，大力弘扬中华民族孝亲敬老传统美德，促进老年人养老服务、健康服务、社会保障、社会参与、权益保障等统筹发展，推动老龄事业高质量发展，走出一条中国特色积极应对人口老龄化道路。"

2021 年 12 月，国务院印发《"十四五"国家老龄事业发展和养老服务体系规划》，这是积极应对人口老龄化国家战略开始实施后的第一个老龄事业发展五年规划。该规划提出，"实施积极应对人口老龄化国家战略，以加快完善社会保障、养老服务、健康支撑体系为重点，把积极老龄观、健康老龄化理念融入经济社会发展全过程"。

2022年10月，党的二十大报告从战略层面再次对应对人口老龄化进行了部署和安排，报告明确："实施积极应对人口老龄化国家战略，发展养老事业和养老产业，优化孤寡老人服务，推动实现全体老年人享有基本养老服务"。

二、中国老龄工作体制机制

（一）老龄议事协调机构

1982年，作为联合国安理会常任理事国，中国政府派代表团参加在维也纳召开的第一届老龄问题世界大会。同年，成立了中国老龄问题全国委员会。1995年，经国务院批准，中国老龄问题全国委员会更名为中国老龄协会。1999年，全国老龄工作委员会（简称全国老龄委）成立，作为国家主管全国老龄工作的议事协调机构，全国老龄工作委员会办公室（简称全国老龄办）负责日常工作。全国老龄委在老龄工作中主要发挥统筹协调职能，有计划、有步骤地全面推动老龄工作。各省、市、自治区先后成立了老龄工作委员会。

全国老龄工作委员会办公室自1999年以来一直设在民政部，具体工作委托中国老龄协会承担。2018年3月，根据第十三届全国人民代表大会第一次会议批准的国务院机构改革方案，明确保留全国老龄工作委员会，日常工作由国家卫生健康委员会承担，全国老龄工作委员会办公室设在卫生健康委，承担委员会日常工作。2019年7月，经国务院同意建立了由民政部牵头的养老服务部际联席会议制度。2021年2月，国务院成立了解决老年人运用智能技术困难工作部际联席会议机制。2023年3月，第十四届全国人大一次会议通过了关于国务院机构改革方案的决定，全国老龄工作委员会办公室设在民政部，强化其综合协调、督促指导、组织推进老龄事业发展职责。

（二）老龄工作部门

党的十八大以来，形成了党委领导、政府主导、社会参与、全民行动的老龄工作方针。卫生健康部门负责建立完善老年健康支撑体系，组织推进医养结合，组织开展疾病防治、医疗照护、心理健康与关怀服务等老年健康工作。发展改革部门负责拟定并组织实施养老服务体系规划，推进老龄事业和产业发展与国家发展规划、年度计划相衔接，推动养老服务业发展。民政部门负责统筹推进、督促指导、监督管理养老服务工作，拟定养老服务体系政策、标准并组织实施，承担老年人福利和特殊困难老年人救助工作。教育、科技、工业和信息化、公安、财政、人力资源社会保障、自然资源、住房城乡建设、商务、文化和旅游、金融、税务、市场监管、体育、医疗保障等部门根据职责分工及时解决遇到的问题，形成整体推进的工作机制。

（三）基层老年协会

进入 21 世纪以来，随着人口老龄化进程加快，国家对老龄工作更加重视，提出了加强基层老龄工作的要求。由于基层缺少老龄工作部门，城乡社区的基层老年协会越来越受到重视。基层老年协会是老年人自我管理、自我教育、自我服务的组织。早在 20 世纪 70 年代，一些地方的农村老年人为了应对生产生活中遇到的问题，自发组织了老年协会。早期的农村老年协会主要以互助形式存在，其中一个重要内容是帮助生活困难的老年人家庭解决丧葬等问题。到了 20 世纪 80 年代，在推进社区服务工作的进程中，城镇的老年群众组织逐步发展起来，一些单位和社区建立起老年协会。20世纪90年代，中国老年人数量增长，人口老龄化的发展趋势日益显著，政府鼓励老年人组织起来，进行自我服务和互助服务。

中国进入人口老龄化社会后，政府进一步加强基层老年群众组织建设，发挥其在基层民主自治、社区建设和老龄工作中的作用，并采用多种方式支持基层老年协会建设，如改善基层老年协会活动设施和条件等。经过多年建设，各地的基层老年协会在促进地方社会发展、调解涉老纠纷、开展互助服务、活跃老年人精神文化生活等方面都发挥了积极作用。通过城乡社区基层老年协会，老年人能够更多更好地参加社会事务和社区治理，充分显示了老年人的自主性和能动性。

中国地域广阔，不同地方的基层老年协会发展差异很大。有的地方基层老年协会发展较好，积极参与社区治理和养老服务，还能承接政府购买服务项目，如农村老年协会与农村养老互助幸福院建设相结合，老年协会负责农村养老互助幸福院的运营等。有的地方基层老年协会发展还不理想。随着中国人口老龄化程度不断加深，继续推动基层老年协会的建设和发展，仍然是未来一项重要工作。

三、中国老龄事业取得的成就

（一）老年人综合素养大幅提升

从前老龄社会到老龄社会，国家积极推动老龄事业发展，关心老年人福祉，中国老年人的综合素养大幅提升。老年人综合素养提升主要体现在两个方面，一是健康状况持续改善，二是受教育水平显著提高。

1. 老年人健康状况改善

健康长寿始终是人类的追求，也是社会发展的重要目标。中国老年人的健康状况持续改善，突出体现在居民人均预期寿命逐年提升。从世界范围看，发达国家居民比发展中国家居民的寿命更长。日本是目前世界上最长寿的国家，2019 年的人均预期寿命为 83.7 岁；第二名是瑞士，第三名是新加坡，都超过 83 岁。

2021 年 5 月，百岁老人展示自己的书法作品

中华人民共和国建立之初，居民人均预期寿命只有 39 岁。改革开放初期的 1981 年居民人均预期寿命延长到 68 岁，2010 年提高到 74.83 岁，2021 年进一步增长到 78.2 岁。2022 年 5 月国务院发布《"十四五"国民健康规划》，预计 2035 年中国人均预期寿命将超过 80 岁。随着经济社会发展和人民健康素养的进一步提高，中国老年人的健康水平还将继续提升。

2. 老年人受教育水平提高

根据第六次和第七次全国人口普查数据，中国 15 岁及以上人口的平均受教育年限由 2010 年的 9.08 年，提高到 2020 年的 9.91 年；每 10 万人中拥有大学文化程度的人数，2010 年为 8930 人，2020 年上升为 15467 人；每 10 万人中拥有高中文化程度的人数，2010 年为 14032 人，2020 年上升为 15088 人；而初中文化程度和小学文化程度的人数都有所下降；文盲率则由 2010 年的 4.08% 下降为 2020 年的 2.67%。

全国调查显示，年龄越低的老年人受教育水平越高。可以预期，未来中国老年人整体受教育水平还会进一步提高。

2021 年 10 月，天津生态城乐龄学堂组织举办《树立和培育积极老龄观》公益课

（二）社会保障制度全面建立

社会保障制度是现代工业社会的产物，并随着市场经济的发展逐步完善。中国计划经济时期，在城市工业化发展的进程中，首先建立起以工作身份为基础的单位保障和福利制度。由于计划经济时期工业优先的

国家发展战略，农民的保障和福利主要依赖传统家族和乡村组织。20 世纪 80 年代之后，随着工业化和城镇化的快速推进，传统的家庭保障功能逐渐弱化，农民的社会保障成为一个重大社会问题。

进入人口老龄化社会之后的二十多年，是中国社会保障制度和社会服务体系快速发展时期。覆盖全体居民的养老保险制度和医疗保险制度已经建立，针对特殊困难老年人的社会救助和医疗救助制度基本形成，老年社会福利从特殊困难老人群体扩展到全体老年人，养老服务和医疗服务体系逐步完善。与此同时，涉老法律法规、社会政策、经济政策和相关文件密集推出。

总体看，大部分老年人在经济收入、医疗保障、福利优待等方面的保障待遇都得到提高。特别是对有特殊困难的老年人及其家庭，生活得到较大改善。但不可否认，目前社会保障和福利优待的城乡差距较大、阶层差异显著，农村的基本保障标准仍然较低，需要今后继续完善。

（三）社会养老服务逐步完善

家庭养老是中国的传统赡养模式，只有那些无法获得家庭支持的老年人需要政府和社会帮助。在计划经济时期，中国的养老机构由政府和集体建设运营，主要收住和供养城乡"三无"老人（无劳动能力、无生活来源、无赡养人和抚养人）和老年优抚对象，具有鲜明的政府救助色彩。随着人口老龄化程度不断加深，政府开始为更多老年人提供社会化养老服务。政府在社会福利事业上的投入不断加大，同时也鼓励社会力量积极参与兴办社会福利事业，逐步形成了由家庭、社区、机构共同为老年人提供生活照顾和护理服务的养老服务体系。

在医疗卫生服务方面，随着老年人口快速增长，流行病学从急性传染性疾病为主转向以慢性非传染性疾病为主。这个转变促使医疗保健系统进行相应转变和调整，健康服务和社会服务的一体化，即"医养结合"，是其中一项重要工作。医养结合既包括为居家和社区养老的老年人提供健康管理等公共卫生服务，也包括为入住养老机构的老年人，特别是慢性病老人、恢复期老人、残障老人以及绝症晚期老人提供养老和医疗相融合的服务。目前，中国的社区卫生服务机构——社区卫生服务中心、居（村）卫生服务站已经普遍建立，为老年人就近看病提供方便，有的还能为辖区内老年人开展健康管理服务。

中国养老服务建设的目标是，建设"居家社区机构相协调、医养康养相结合的养老服务体系"。对照这个发展目标，目前的养老服务体系还不完善，尚未形成连续性的服务体系，区域差异和城乡差距仍然较大，农村的社会化养老服务资源比较短缺，这些都是今后社会养老服务发展的重点。

（四）老龄化国情教育普遍开展

2018 年 2 月，全国老龄办等 14 部门印发《关于开展人口老龄化国情教育的通知》。全国老龄办组织编写了《人口老龄化国情教育知识读本》，为人口老龄化国情教育提供内容、素材及背景资料。每年"敬老月"期间，各地老龄部门组织开展人口老龄化国情教育活动，包括面向全社会老年人开展书画摄影、手工制作等比赛，同时举办人口老龄化国情教育知识竞赛和征文比赛等丰富多彩的活动，社会各界更加关注人口老龄化议题。

从 2019 年开始，由中央和国家机关工委、国家卫健委、全国老龄办、国家机关事务管理局主办的人口老龄化国情教育大讲堂活动启动，通过现场专家主讲、新媒体传播、心得体会征集、讲座结集出版等形式，宣讲中国的人口老龄化形势、老龄政策法规、积极老龄化和健康老龄化等知识。大讲堂活动取得了良好社会效益，全社会的人口老龄化意识明显增强，关爱老年人意识和老年人自爱意识都得到提升。

第三节　积极应对人口老龄化国家战略

中国政府始终重视人口老龄化问题。2019 年，中共中央、国务院印发《国家积极应对人口老龄化中长期规划》，明确了积极应对人口老龄化的战略目标。2021 年，党的十九届五中全会明确作出"实施积极应对人口老龄化国家战略"的决定，开启了新的历史阶段。

一、国家战略的提出

（一）循序渐进夯实基础

2000 年，中共中央、国务院发布的《关于加强老龄工作的决定》强调："加强老龄工作，发展老龄事业，是党中央、国务院面向新世纪作出的重大决策"；"全党全社会必须从改革、发展、稳定的大局出发，高度重视和切实加强老龄工作。"《决定》提出中国老龄事业发展的主要目标是：建立和完善有中国特色的老年社会保障制度和社会互助制度；建立以家庭养老为基础、社区服务为依托、社会养老为补充的养老机制；逐步建立比较完善的以老年福利、生活照料、医疗保健、体育健身、文化教育和法律服务为主要内容的老年服务体系，基本实现老有所养、老有所医、老有所教、老有所学、老有所为、老有所乐。

"积极应对人口老龄化"的表述，最早见于 2006 年 3 月发布的《中华人民共和国国民经济和社会发展第十一个五年规划纲要》。2011年3月，《中华人民共和国国民经济和社会发展第十二个五年规划纲要》再一次提出"积极应对人口老龄化"。2012年12月，修订后的《老年人权益保障法》首次提出，"积极应对人口老龄化是国家的一项长期战略任务"，将"积极应对人口老龄化"纳入法律框架。2013年，党的十八届三中全会作出了《中共中央关于全面深化改革若干重大问题的决定》，其中提到，"积极应对人口老龄化，加快建立社会养老服务体系和发展老年服务产业"，表明积极应对人口老龄化已经成为国家的一项基础性、全局性和长期性的发展战略。

进入21世纪后，全国人大及其常委会、国务院及其有关部门颁布了大量老龄法律、法规、规章和政策，初步形成了以《老年人权益保障法》为主体，包含相关法律、行政法规、地方性法规、国务院部门规章、地方政府规章和有关政策性文件，涉及养老保障、医疗卫生、老龄服务、文化教育、社会参与、权益维护等内容的老龄法律法规政策体系。

党的十八大以来，习近平总书记对积极应对人口老龄化作出一系列重要指示和批示。他强调："有效应对我国人口老龄化，事关国家发展全局，事关亿万百姓福祉。要立足当前、着眼长远，加强顶层设计，完善生育、就业、养老等重大政策和制度，做到及时应对、科学应对、综合应对。"党和国家的高度重视，为积极应对人口老龄化国家战略奠定了基础。

（二）推动实施中长期规划

2019年10月，中共中央、国务院印发《国家积极应对人口老龄化中长期规划》。该规划制定了2022年、2035年、2050年的近期、中期、长期规划，是从现在到本世纪中叶国家应对人口老龄化的战略性、综合性、指导性文件。根据该规划，2022 年，国家积极应对人口老龄化的制度框架初步建立；2035 年，积极应对人口老龄化的制度安排更加科学有效；到本世纪中叶，与社会主义现代化强国相适应的应对人口老龄化制度安排成熟完备。

《国家积极应对人口老龄化中长期规划》从五个方面部署了应对人口老龄化的具体工作任务。一是夯实应对人口老龄化的社会财富储备，二是改善人口老龄化背景下的劳动力有效供给，三是打造高质量的为老服务和产品供给体系，四是强化应对人口老龄化的科技创新能力，五是构建养老孝老敬老的社会环境。

《国家积极应对人口老龄化中长期规划》明确了积极应对人口老龄化的战略目标：积极应对人口老龄化的制度基础持续巩固，财富储备日益充沛，人力资本不断提升，科技支撑更加有力，产品和服务丰富优质，社会环境宜居友好，经济社会发展始终与人口老龄化进程相适应，顺利建成社会主义现代化强国，进而实现中华民族伟大复兴的中国梦。

二、实施国家战略的重要任务

2020 年 11 月，党的十九届五中全会作出决定，"实施积极应对人口老龄化国家战略"。这一决定具有里程碑意义，开启了中国老龄事业发展的新阶段。2021 年 3 月，《中华人民共和国国民经济和社会发展第十四个五年规划和 2035 年远景目标纲要》发布，对"实施积极应对人口老龄化国家战略"进行了具体部署，以"一老一小"为重点完善人口服务体系，促进人口长期均衡发展。"实施积极应对人口老龄化国家战略"重点任务主要包括三个大的方面。

（一）推动实现适度生育水平

造成一个国家或地区人口年龄结构老化的原因，不仅有老年人数量增多，还有年轻人数量减少，是一个涉及全社会人群年龄结构是否可持续发展的综合性、系统性问题。因此，人口老龄化国家战略提出要推动实现适度生育水平，就是通过增强包容性生育政策，提高育龄人群的生育意愿，促使社会生育率得到回升，从而降低社会的人口老龄化程度。为此，政府辅以配套的公共支持政策，这些政策包括：增强生育政策包容性，推动生育政策与其他经济社会政策配套衔接；减轻家庭在生育、养育、教育上的负担；完善幼儿养育、青少年发展、老人赡养、病残照料等政策和产假制度，探索实施父母育儿假；改善优生优育全程服务，加强育龄妇女健康服务，提高出生人口质量；建立健全计划生育特殊困难家庭全方位帮扶保障制度等。

（二）健全婴幼儿发展政策

中国在计划经济时期曾构建起良好的婴幼儿托育服务体系，但在改革开放之后，受社会转型时期市场化改革、计划生育政策实施，以及教育体制改革等因素影响，婴幼儿托育公共服务大幅减少。在人口老龄化的严峻背景下，要提高人们的生育意愿，特别是帮助育龄女性平衡好家庭和工作的关系，就要健全婴幼儿发展政策，消除家庭在婴幼儿照顾上的后顾之忧。为此，政府大力发展普惠性托育服务体系，健全支持婴幼儿照护服务和早期发展的政策体系，包括：加强对家庭照护和社区服务的支持指导，增强家庭科学育儿能力；落实城镇小区配套园政策，发展多种形式的婴幼儿照护服务机构；鼓励和支持企事业单位和社会组织提供婴幼儿照护服务和普惠托育服务；鼓励幼儿园发展托幼一体化服务；

推进婴幼儿照护服务专业化、规范化发展，提高托育服务的质量和水平。

（三）完善养老服务体系

为老年人及其家庭提供所需要的服务，是社会化养老服务的主要内容。随着老年人数量日益增多，结合当前中国的经济社会发展水平，使处于不同年龄阶段和有不同自理能力的老年人都能获得适宜的支持和照顾，是发展养老服务体系的主要目标。为此，政府积极推动养老事业和养老产业协同发展，构建居家社区机构相协调、医养康养相结合的养老服务体系，优化孤寡老人服务，推动实现全体老年人享有基本养老服务。内容主要包括：健全基本养老服务体系，建立基本养老服务清单制度，发展普惠型养老服务，强化对失能、部分失能特困老年人的兜底保障；提升老年人福利水平，完善经济困难高龄失能老年人补贴制度和特殊困难失能留守老年人探访关爱制度；支持家庭承担养老功能；完善社区居家养老服务网络，推动专业机构服务向社区延伸，整合利用存量资源发展社区嵌入式养老；积极发展农村互助幸福院等互助性养老；深化公办养老机构改革，加强对护理型民办养老机构的政策扶持，扩大养老机构护理型床位供给，建立长期护理保险制度，更好满足高龄失能失智老年人护理服务需求；加强养老护理型人才培养；加强老年健康服务，深入推进医养康养结合；构建孝亲敬老的社会环境，保障老年人合法权益；推进公共设施适老化改造；实施渐进式延迟法定退休年龄，发挥老年人的积极作用，促进老年人力资源开发；发展银发经济，开发适老化技术和产品，培育智慧养老等新业态。

三、中国特色积极应对人口老龄化道路

（一）未来的形势和挑战

进入人口老龄化社会的 20 多年来，中国老龄事业取得了巨大进步。然而，尽管中国社会保障和医疗保障制度不断完善、社会公共服务水平逐年提高，包括老年人在内的全体国民的生活水平和生活质量都得到较大改善，但仍然存在一些不容忽视的问题。

在全球化、市场化、信息化的大时代背景下，人口老龄化发展不仅是一种人口转型，还伴随着急剧的社会转型、经济转型和文化转型。这种转型既包括宏观社会经济形态的转变、社会治理方式的转变，也包括家庭模式和功能的转变，以及个人价值观的转变等。由于影响因素复杂多元，应用传统思路很难想象未来时代的图景，不仅发展中国家难以参照目前发达国家的经验，发达国家自身也面临种种发展困境。

人口老龄化是全球人口发展的普遍趋势。然而，自 2020 年初全球新冠肺炎疫情大爆发以来，老年人成为脆弱群体，感染率和死亡率明显高于其他年龄群体。这一方面和老年人的免疫力降低并患有基础病有关，另一方面也和各国的文化传统及医疗服务体系密切相关。在部分发达国家，新冠疫情的全面席卷已经降低了人均预期寿命，未来疫情对于人口老龄化将有怎样的影响，还有待进一步观察。

根据联合国发布的《2022 世界人口展望》报告，全球人口将于 2030 年增长到 85 亿，2050 年增长至 97 亿，到本世纪 80 年代达到约 104 亿的峰值，并在 2100 年之前保持这一水平。世界人口增长并不均衡，未来 30 年全球新增人口主要来自非洲地区，大部分国家和地区的人口生育率都显著下降。全球老年人数量占总人口的比例将大幅增长，65 岁及

以上人口的比重将从 2022 年的 10% 增长到 2050 年的 16%。

与此同时，全球人口的人均预期寿命大幅提高。根据《2022 世界人口展望》报告，全球人均预期寿命从 1990 年到 2019 年提高了 9 岁，2019 年达到 72.8 岁。然而，受 2019 年底以来全球新冠疫情影响，2021 年全球人均预期寿命下降到 71.0 岁。报告预测，随着死亡率的进一步降低，2050 年全球人均预期寿命将提高至 77.2 岁。根据同期中国政府发布的数据，中国居民的人均预期寿命 2019 年已经达到 77.3 岁，2021 年提高到 78.2 岁，预计 2035 年将超过 80 岁，远高于世界平均水平。

除了新冠疫情和其他传染性疾病在世界范围不断爆发带来的影响，全球地缘政治和国际形势也在发生剧烈变化。诸多不可预知的因素使得现代社会的危险性显著增加，也使得未来社会的发展难以预测。以往发展中国家大多参照发达国家的经验，但现在发达国家暴露出来的政治、经济、文化、民族等诸多问题似乎给世界带来更多危险和困境。在充满不可预测性的未来图景下，中国实施积极应对人口老龄化国家战略，将运用中国智慧，创造中国方案，为人类应对人口老龄化问题贡献中国力量。

（二）新时代老龄工作的主要任务

中国进入人口老龄化社会以来，国家更加重视人口老龄化问题，投入逐年加大，社会保障制度和福利服务政策不断完善。然而，由于中国老年人口数量庞大、人口老龄化发展迅速，但经济基础还较薄弱、制度准备尚不充分，国家应对人口老龄化的任务面临巨大挑战。虽然在制度建设和政策体系上取得了较大进步，但同时也存在很多亟须解决的问题，如养老保障和医疗保障水平还比较低，农村老龄事业发展明显滞后等，今后的任务依然十分艰巨。

2000年，中共中央、国务院出台了第一个指导国家老龄工作的纲领性文件《关于加强老龄工作的决定》，在中国进入人口老龄化社会的第一个20年里发挥了重要作用。2021年11月，根据新的历史时代背景，中共中央、国务院发布新的纲领性文件《关于加强新时代老龄工作的意见》，对今后的老龄工作作出部署。根据该《意见》，未来一个时期的老龄工作主要包括五大任务。[7]

1. 健全养老服务体系

总体规划养老服务体系，健全以居家为基础、社区为依托、机构充分发展、医养有机结合的多层次养老服务体系。厘清政府、市场、家庭三大养老服务供给主体之间的关系，优先满足失能失智老人、高龄老人、农村留守老人等群体的特殊养老服务需求。一方面，要形成养老服务体系责任共担机制。强化家庭和社区功能，充分发挥专业机构作用，实现合理分工、优势互补，推动养老服务供给主体多元化、供给方式多样化，满足老年人群体多层次的养老服务需求。另一方面，要做好养老服务体系"补短板"的工作。包括：完善基本养老服务清单制度，使每一位老年人都能享受基本的养老服务权益；重点解决好特殊困难老年群体的养老保障问题；完善养老保障体系，增强保障能力，提高统筹层次和统筹水平。

---

7 本节关于老龄工作五大任务的论述，参考吴玉韶、赵新阳文章，《推动新时代老龄工作高质量发展的纲领性文件——〈中共中央国务院关于加强新时代老龄工作的意见〉解读》，《行政管理改革》，2022年第4期。

2. 完善老年人健康支撑体系

2016 年 10 月，中共中央、国务院印发《"健康中国 2030"规划纲要》，作为今后 15 年推进健康中国建设的行动纲领。2019 年 7 月，国务院发布《健康中国行动（2019—2030 年）》，围绕疾病预防和健康促进两大核心，提出 15 个重大专项行动，促进从以治病为中心向以人民健康为中心转变。"老年健康促进行动"是 15 个重大专项行动之一。按照推进健康中国建设的长期规划，需要建立和完善包括健康教育、预防保健、疾病诊治、康复护理、长期照护、安宁疗护的连续性老年健康服务体系。

构建老年健康支撑体系的主要目标，是聚焦于维护和发展老年人健康生活所必需的内在能力，也就是维护和发展老年人能够按照自己的意愿生活的能力。为此，要为老年人提供更多更优的预防保健、疾病诊治、康复和护理服务、长期照护服务和安宁疗护服务。通过健康服务的支撑作用，增强老年人的身体机能、认知能力与心理调适能力等多个健康维度的能力。与此同时，通过提高老年健康服务和管理水平，提高老年人的健康素养，发展积极的自我健康支持理念，倡导健康生活方式。

3. 促进老年人社会参与

《老年人权益保障法》为老年人继续参与社会提供了法律保障，规定国家应保障老年人参与经济、政治、文化和社会生活，并为老年人参与社会发展创造条件，鼓励老年人在自愿和量力的情况下依法从事经营和生产活动，老年人的劳动收入受法律保护。

积极应对人口老龄化成为国家战略，鼓励老年人继续发挥作用是其中一项重要内容。拓展老年人参与社会发展的渠道，让老年人有机会参与经济、社会、文化和政治活动。尊重和鼓励老年人自主选择的权利，引导和普及老年人参与志愿服务和社会公益活动。发展老年教育事业和老年文化体育事业，帮助老年人提高社会参与的意识和能力。完善老年人社会参与的保障制度，保护老年人的合法权益不受侵害。

4. 着力构建老年友好型社会

构建老年友好型社会的目标，是为老年人更好地融入社会和参与社会创造条件。建设老年友好型社会的内容非常丰富，主要包括两个大的方面。一是弘扬中华民族传统美德，构建孝亲敬老的社会环境。弘扬敬老、养老、助老社会风尚，倡导代际和谐的社会文化建设。二是打造老年宜居环境，促进老年人与其他年龄群体共融发展。在社会、经济和文化等方面的综合环境建设中，将城乡规划建设与老年宜居环境建设的要求结合起来，突出老年人对社会文化环境的包容性要求。

5. 积极培育银发经济

中国的银发族数量庞大，这既给经济社会发展带来了挑战，同时也带来了新的机遇。数亿老年人是一个巨大的消费群体，市场潜在需求庞大。同时，中国经济已经由高速增长阶段转向高质量发展阶段，老年群体需求由生存必需型向享受型、发展型、参与型的转型升级，将给社会带来新的产业机遇。通过规划引导产业发展，立足适应老年人需求的发展方向，发挥老龄产业辐射面广、产业链长、对上下游行业带动效应明显等优势，能够促进老年旅游、文化、体育、健康、金融、地产等细分产业发展，形成新的产业体系，实现支柱产业的更替，支撑产业振兴远景。

（三）积极应对人口老龄化中国方案的特色

在全球范围内，人口老龄化给世界各国的政治、经济、社会和文化都带来了深刻影响，已经成为国际社会普遍关注的重大问题。世界各国都认识到，老龄化是人类社会发展的必然趋势，全世界应该携起手来共同应对。在联合国的积极推进下，"积极老龄化"和"健康老龄化"已经成为世界上大部分国家应对人口老龄化的共识，也成为各国制定相关政策的认识基础。

中国积极借鉴其他国家先进经验的同时，充分发挥中国政治体制、基层组织、传统文化、家庭养老等独特优势，探索中国特色积极应对人口老龄化、发展老龄事业的道路，努力为世界应对人口老龄化提供中国智慧。

中国积极应对人口老龄化方案的突出特点，可归纳为以下几个方面：

1. 党的领导

中国共产党领导是中国特色社会主义最本质的特征，是中国特色社会主义制度的最大优势。发挥党总揽全局、协调各方的领导核心作用，统筹党和政府，市场和社会，做到全国一盘棋，形成整体合力，将老龄工作重点任务纳入各级党委和政府重要议事日程，动员全社会共同行动，应对人口老龄化挑战。

2. 立足国情

中国在应对人口老龄化的实践中，始终将国际理念与基本国情相结合。如中国将联合国老年人原则转化为中国老龄工作"五个老有"的发展目标，即"老有所养、老有所医、老有所学、老有所为、老有所乐"。

最具代表性的本土化应用，是将"积极老龄化"政策框架转化为"积极应对人口老龄化"国家战略。可以说，积极应对人口老龄化国家战略，是国际上积极老龄化政策和中国特色社会主义道路应对老龄化相结合的产物。[8] "积极应对人口老龄化"将个人中心视角转化为国家中心视角，将促进民生改善与推动社会进步融为一体，是基于中国文化逻辑对"积极老龄化"的再创造。[9]

3. 长远规划

中国从 1994 年开始制定实施国家老龄事业发展中长期规划，近 30 年来连续实施了五个老龄事业发展中长期规划。2019 年，中共中央、国务院印发《国家积极应对人口老龄化中长期规划》，制定了分阶段的发展目标。2020 年，"积极应对人口老龄化"上升为国家战略，国家对老龄事业作出长期战略部署。这种有计划、分步骤、循序渐进的应对方式，建立在中国特色的政治体制基础之上。事实证明，制定相对长周期的事业发展规划，是应对人口老龄化的有效方式。

4. 纳入全局

2021 年，中共中央、国务院发布的《关于加强新时代老龄工作的意见》，是指导未来一个时期中国老龄事业的纲领性文件，特别强调要"把积极老龄观、健康老龄化理念融入经济社会发展全过程"。也就是说，要把积极老龄观、健康老龄化理念纳入到所有的公共政策当中，纳入到

---

8 邬沧萍主编，《全面建成小康社会积极应对人口老龄化》，北京：中国人口出版社，2016 年，第 145—149 页。

9 李晶，《老龄社会背景下的老龄社会学研究》，《老龄科学研究》，2019 年第 4 期。

应对人口老龄化、发展老龄事业的全过程当中。老龄事业涉及社会各领域，和每个人、每个家庭都息息相关。实施积极应对人口老龄化国家战略是一项系统工程，需要全局性、综合性的战略应对，包括政策制定、资源调配、国家市场社会力量统筹整合等。积极应对人口老龄化，实质上是中国全社会各个部门和系统适应人口老龄化社会新常态的过程。

5. 人民至上

坚持以满足老年人对美好生活的向往为发展总目标、坚持以人民为中心的发展思想是中国老龄事业的基本立足点。老年人是社会的弱势群体，常被认为会给社会带来负担和压力。特别是在社会资源不足的情况下，能否公平对待社会弱势群体，体现了一个国家和社会的文明程度。党和政府推动老龄工作重心下移、资源下沉，推进各项优质服务资源向老年人的身边、家边和周边聚集，确保老龄工作有人抓、老年人事情有人管、老年人困难有人帮。在积极应对人口老龄化、健康中国等国家战略的部署下，中国社会保障制度和福利服务体系将不断完备，人民健康状况持续改善，包括老年人在内的全体人民的获得感、幸福感、安全感更加充实、更有保障、更可持续。

第二章　结构合理的养老保障体系

改革开放以来，尤其是党的十八大以来国家高度重视社会保障制度的建设，不断完善顶层设计，建立起了包括养老保险、医疗保险、社会救助在内的保障体系，为广大老年群众的生活提供了有力保障，也促进了经济社会的平稳发展。

第一节　养老保险制度不断走向成熟

养老保险制度，是为了保障广大人民群众晚年最基本的生活而进行的制度安排。改革开放以来，经过四十多年的努力，建立起了多支柱的养老保险制度。

一、养老保险制度发展情况

中国的养老保险制度发展，大体上可以分为两个阶段：从改革开放到 2012 年，是养老保险制度发展的第一个阶段；从 2012 年到现在，是养老保险制度发展的第二个阶段。

（一）第一个阶段：初步建立基本养老保险制度

1978 年，中国改革开放拉开序幕。农村实行了土地承包责任制，城市大力改革国有企业，原有的养老保障模式已经不再适应当时的经济发展，亟须建立新的养老保险制度。

1991 年 6 月，国务院颁布了《关于改革企业职工养老保险制度改革的决定》，明确了养老保险采取统筹的方式，从县、市到省再到全国，一步一步扩大统筹范围，养老保险缴费由国家、单位和个人共同承担。1995 年，国务院下发《国务院关于深化企业职工养老保险制度改革的通知》，正式提出建立个人账户和社会统筹相结合的养老保险制度。社会统筹和个人账户相结合，是中国首创的一种新型养老保险基金运行模式。社会统筹部分现收现付，个人账户部分完全积累，两者同时并存。社会统筹部分发挥了养老保险互助共济和风险共担的功能，个人账户发挥了对参保人员的激励作用。该模式是国家、企业和个人三方承担供款责任但分别记账，其中：个人所交部分全部进入个人账户，其余的实现社会互助共济。1997 年，国务院再次下发文件，要求各地完成养老保险制度的统一，在全国建立统一的城镇职工基本养老保险制度。

针对农村居民，2002 年，党的十六大提出有条件的地方探索建立农村养老保险，2008 年，十七届三中全会提出要按照个人缴费、集体补助、政府补贴相结合的原则，建立新型农村养老保险制度。2009 年国务院发布《国务院关于开展新型农村社会养老保险试点的指导意见》，新型农村社会养老保险制度正式出台。

针对城镇没有参加职工养老保险的群体，2011 年 6 月，国务院颁布《关于开展城镇居民社会养老保险试点的指导意见》，决定从 2011 年起开展城镇居民社会养老保险试点，城镇居民社会养老保险制度正式出台。

至此，基本养老保险制度在中国实现了制度全覆盖，走出了历史性跨越的第一步。

（二）第二个阶段：养老保险制度不断完善

十八大以来，政府加强了顶层设计，整合了不同人群的养老保险制度，强化了制度衔接，提高了制度统筹层次，养老保险制度发展进入新阶段。

整合了新型农村社会养老保险和城镇居民社会养老保险，建立了城乡居民基本养老保险。新型农村社会养老保险和城镇居民社会养老保险两者在资金筹集和资金支出上具有相似性，2014年，国务院决定将两者合并，在全国范围内建立城乡居民基本养老保险制度。城乡居民基本养老保险制度的建立，标志着中国基本养老保险制度的完善向前迈进了一大步。

实现了城镇职工基本养老保险制度和城乡居民基本保险制度的衔接。2014年人力资源社会保障部、财政部出台了《城乡养老保险制度衔接暂行办法》。衔接办法的出台打通了两种保险制度，促进劳动力的合理流动，保障广大城乡参保人员的权益。

改革了机关事业单位养老保险。机关事业单位长期以来实行退休金制度，2008年国务院出台文件，在山西、上海、浙江、广东、重庆5省市开展养老保险制度的改革试点。2015年，国务院印发《关于机关事业单位工作人员养老保险制度改革的决定》，明确了改革的指导思想、目标任务、基本原则、政策措施和工作要求。至此，中国形成了相对比较完善的基本养老保险制度，城镇职工基本养老保险和城乡居民基本养老保险两大保险制度覆盖了全体法定参保人员。

提高了城镇职工基本养老保险的统筹层次。为了进一步提高基本养老保险制度的公平性，确保保险制度的可持续发展，十八大以来，政府加速提高基本养老保险的统筹层次。2018年，国务院印发《关于建立企业职工基本养老保险基金中央调剂制度的通知》，在企业职工基本养老保险省级统筹基础上，建立养老保险中央调剂基金，对各省份养老保险基金进行适度调剂，确保基本养老金按时足额发放。预计"十四五"期间，基本养老保险制度实现全国统筹。

二、中国养老保险制度建设取得丰硕成果

党的十八大以来，在党和政府的高度重视和努力之下，中国基本养老保险制度覆盖范围不断扩大，保障水平不断提高，不同人群之间的待遇差距不断缩小，公平性和可持续性不断提高，老年人晚年生活有了可靠的来源。

（一）多层次的保险模式初步建立

早在20世纪九十年代，中国对企业职工养老保险进行改革时，就提出要建立多层次的保险模式，1991年国务院颁布的《关于企业职工养老保险制度改革的决定》明确指出：随着经济的发展，逐步建立起基本养老保险与企业补充养老保险和职工个人储蓄性养老保险相结合的制度。经过三十多年努力，中国初步建立起了多层次的养老保险体系。第一层次是基本养老保险，包括城镇职工基本养老保险和城乡居民基本养老保险，这两类保险覆盖了中国所有人群，国家要求所有应该参加基本养老保险的人群都要参加，具有强制性。基本养老保险目标是保障广大老年人的基本生活。2022年末全国参加基本养老保险人数为105301万人，其中参加城镇职工基本养老保险人数为50349万人，参加城乡居民基本养老保险参保人数为54952万人。

第二层次是企业年金和职业年金，这是企业或机关事业单位为改善老年人的生活质量而设立的补充保险，保险费用由单位和个人共同承担。

企业年金没有强制性，鼓励有条件的企业建立。目前建立企业年金的主要是国有大型企业，因效益好，有条件为职工建立企业年金。2021 年末全国有 11.75 万户企业建立企业年金，参加职工 2875 万人。

第三层次是个人储蓄性养老保险和商业保险，国家提供税收优惠政策，个人自主购买，以提高老年人的生活质量。目前第三层次发展相对缓慢，2022 年 4 月国务院下发了《推动个人养老金发展的意见》，其宗旨就是要进一步推动第三支柱养老保险的发展。

《关于推动个人养老金发展的意见》

为加快第三支柱养老保险的发展，2022 年，国务院下发了《关于推动个人养老金发展的意见》。

个人养老金参加范围包括国内参加城镇职工基本养老保险、城乡居民基本养老保险的参保者。缴费完全由参加人个人承担，享受政府税收优惠政策。目前文件规定，参加人每年缴纳个人养老金的上限为 12000 元。个人养老金资金账户资金可用于购买符合规定的银行理财、储蓄存款、商业养老保险、公募基金等，由参加人自主选择。参加人达到领取基本养老金年龄、完全丧失劳动能力、出国（境）定居，或者具有其他符合国家规定的情形，可以按月、分次或者一次性领取个人养老金。参加人死亡后，其个人养老金账户中的资产可以继承。

（二）养老保险的覆盖范围不断扩大

从 2012 年中国基本养老保险实现制度全覆盖之后，在政府的努力之下，基本养老保险的覆盖面持续扩大，参保人数不断增加。从城镇职工养老保险来看，最初主要是针对国有企业、集体企业职工，后来逐渐扩展到城镇各类企业、社会组织、城镇个体工商户及灵活就业人员。2014年进一步扩大到机关事业单位职工。近年来，将农垦企业职工、监狱企业职工、华侨农（林）场归（难）侨、未参保的集体企业退休人员、"五七"工[1]和家属等群体都纳入了职工养老保险体系，参保人数逐年增加，从2012年的3.04亿人左右扩大到2022年的5.03亿人左右，十年增加了将近2亿人，见图2-1。

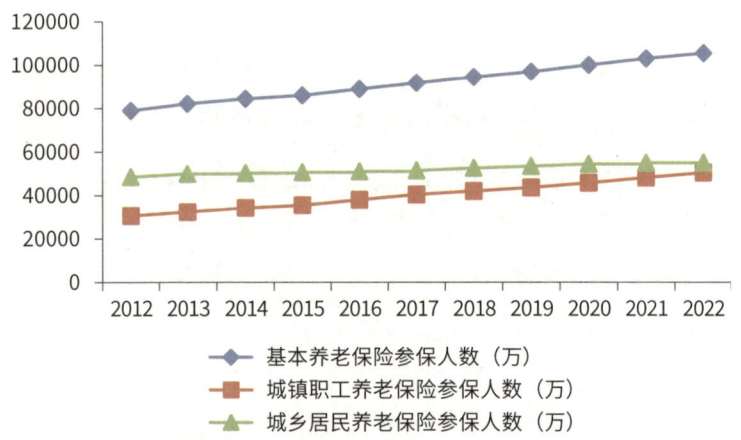

图 2-1 2012-2021 年基本养老保险参保人数变化趋势
资料来源：2012-2021 年度人力资源和社会保障事业发展统计公报

城乡居民基本养老保险为每个参保人设立一个账户，个人缴费、地方政府补贴及集体补助等各种资金全部计入个人账户。自己缴费一般分为 12 个档次，从 100 元到 2000 元不等。集体补助不具有强制性，鼓励有条件的村集体给参保人缴费补助。地方政府补贴是除个人缴费之外的

---

1 "五七工"是指 20 世纪六七十年代，曾在石油、煤炭、化工、建筑等行业的国有企业中从事生产自救或企业辅助性岗位工作的，具有城镇常住户口、未参加过基本养老保险的人员。

另外一种资金来源。个人交得越多，政府补贴越多，在实际操作中，各省情况都不一样。比如南京，2021 年个人缴费只有四个标准，政府按照10% 给予补贴。西安市 2022 年缴费标准分为 10 个档次，政府按照缴费档次，分别对缴费人员给予 30 元到 300 元不等的补贴。此外，其他社会经济组织、公益慈善组织以及个人对参保人的资助也一同纳入个人账户，扩大资金来源。城乡居民基本养老保险自试点以来，参保人规模持续扩大，从 2011 年的 3.26 亿人左右扩大到 2022 年的 5.49 亿人左右，见图 2-1。

企业年金近年来也经历了快速发展，建立的企业数量不断增加，从2011 年的 4.49 万户增加到 2021 年的 11.75 万户，参加职工从 1577 万人增加到 2021 年的 2875 万人，见图 2。

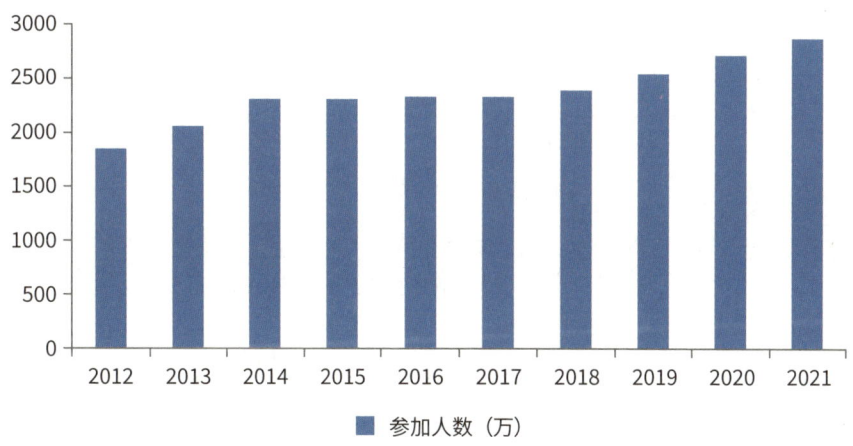

图 2-2 2012-2021 年建立企业年金的企业数量变化趋势

资料来源：2012-2021 年度人力资源和社会保障事业发展统计公报

（三）养老保障水平不断提高

城镇职工养老保险建立之初，以企业职工为主，待遇水平比较低。

随着中国经济的持续快速发展，国家提高老年人养老金的实力不断增加，从 2005 年开始，国家每年在上一年的基础上提高企业退休人员基本养老金，到目前为止已经连续涨了 18 年，其中多年上调比例达到 10%。连续多年调整企业退休人员基本养老金，提高了参保人员的待遇，2012 年人均基金支出为 1742 元左右，到 2021 年这一数据达到 3350 元左右，见图 2-3。

图 2-3 城镇职工基本养老保险月人均基金支出（元）
资料来源: 2012-2021 年度人力资源和社会保障事业发展统计公报

城乡居民养老金分为基础养老金和个人账户养老金两部分。基础养老金又分为中央基础养老金和地方基础养老金。中央基础养老金最初标准为每人 55 元，2014 年第一次调整，每人增加 15 元，达到 70 元。2018 年第二次调整，达到 88 元。2020 年第三次调整，涨到 93 元。2022 年第四次调整，提高到 98 元。目前，城乡居民基本养老保险月人均基金支出达到 191 元左右，见图 2-4。

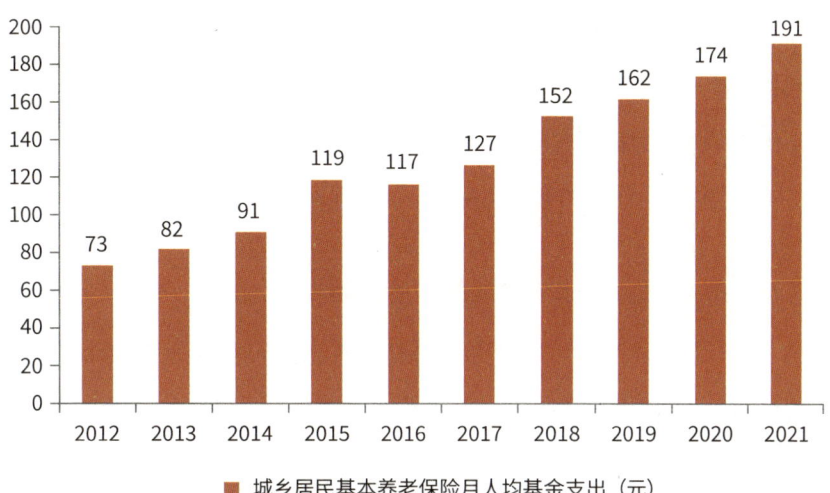

图 2-4 城乡居民基本养老保险月人均基金支出（元）
资料来源: 2012-2021 年度人力资源和社会保障事业发展统计公报

（四）不同人群保障水平差距逐步缩小

中国幅员辽阔，人口众多，不同地区经济发展差距很大。新中国成立之初，城镇职工依赖企业，在退休后享有一定水平的养老金，能够维持基本的生活。农村老年人除"五保"户，只能依靠自己的责任田和家人，此外别无经济来源。因此城乡老年人的养老保障差距是有和没有的区别。

改革开放后，随着经济的快速发展，养老保障制度也随着发生很大变化。城镇职工参加了职工养老保险，农村老年人也迎来了新型农村社会养老保险，虽然"新农保"的待遇不高，但是解决了农村老年人没有保险的问题。因此，相对于改革开放前，城乡老年人养老保障差距逐步缩小。

2012 年以来，国家合并了城乡社会养老保险，在一定程度上缩小了农村居民和城镇非职工保险参保人之间的差距。2015 年，国家对机关事业单位退休金制度进行改革，将机关事业单位职工纳入城镇职工基本养老保险当中，进一步缩小了企业职工和机关事业单位人员的退休收入差距。整体来看，随着经济的发展，不同人群之间的养老金差距不断在缩小。但是，也要看到，由于农村居民养老保险起步晚，缩小城乡老年人养老金之间的差距将是一个较长的过程。

（五）提高保险可持续发展的措施不断增多

20世纪设计城镇职工养老保险制度时，采用社会统筹和个人账户相结合的模式。单位缴纳的保险费大部分用于统筹，支付已退休人员的养老金，发挥了互助共济的作用。职工个人缴纳的全部保险费和单位缴纳的保险费的一部分进入职工个人账户，旨在鼓励大家年轻时为自己老年多积累，多交多得。但由于设计制度时已经退休的老年人年轻时没有缴费，在制度运行时只能利用在职职工缴纳的保险费来支付他们的养老金。随着人口老龄化的不断加剧，保险基金收支平衡遇到一定的困难。

目前国家拿出了很多措施来解决这个问题。如实施延迟退休政策，一方面延长在职人员缴纳费用的时间，另一方面也推迟了老年人领取退休金的时间。实施延迟退休政策前，到了法定退休年龄退休了就可以领取养老金，有的人不到法定退休年龄就退休了，领取养老金的年龄就更早了。实施延迟退休政策后，法定退休年龄提高，整体上延缓了领取养老金的年龄，有利于降低养老金入不敷出的压力。建立社保战略储备基金也是一个应对措施。社保战略储备基金包括国有股转持划入的资金、中央财政拨入资金、经国务院批准以其他方式筹集的资金及这些资金的投资收益。其中国有股转持划入的资金就相当于利用国有资产充实社保战略储备基金，充分利用了社会主义制度的优越性，有力地保障了未来中国社会保险制度可持续发展，见图2-5。

图 2-5 2013-2020 年我国社保基金资产总额变化趋势

资料来源：2013-2020 全国社会保障基金理事会社保基金年度报告

三、加快发展统筹城乡、多层次、可持续的养老保险制度

随着中国养老保险体系顶层设计的不断完善，未来法定人群覆盖面会进一步扩大，直至全部参保。随着保障水平不断提高，不同人群之间的差距也会不断缩小。

（一）实现法定人群全覆盖

从 1998 年到 2012 年，为适应经济社会发展的需要，国家先后建立了城镇职工基本养老保险、新型农村社会养老保险、城镇居民社会养老保险，三大保险制度加上机关事业单位的退休金制度覆盖了所有人群，养老保险制度实现了制度全覆盖。

制度全覆盖并不等于应该参加基本养老保险制度的人员全部参加，即法定人群全部参保。在实际参保当中，并不是法定人群全部参保。养老保险是通过互助共济的方式为老年人提供生活来源，参加人员越多，缴的费越多，保险制度才能良好的运行。所以，从保险的运行来看，参加的人越多，保险运行的可持续能力越强，参加的人越少，可持续性越差。未来将会不断加大宣传力度，推动灵活就业人员参加职工基本养老保险，实现所有法定人群全部参保。2021 年出台的《中共中央、国务院关于加强新时代老龄工作的意见》和 2022 出台的《"十四五"老龄事业发展和养老服务体系规划》都对扩大养老保险覆盖面，逐步实现基本养老保险法定人员全覆盖作了明确的部署。

（二）实现养老保险制度全国统筹

中国基本养老保险制度中，城镇职工基本养老保险制度是需要全国统筹，城乡居民基本养老保险制度不需要全国统筹。中国地域差别较大，不同省份人口老龄化水平不一样，不同省份经济发展水平也不一样。人口老龄化程度高，经济发展水平低的省份城镇职工基本养老保险基金入不敷出。人口老龄化程度低，经济发展水平高的省份养老保险有结余。为了平衡各省城镇职工基本养老保险运行，实施全国统筹势在必行。2018 年，国务院实施了中央调剂金制度，为全国统筹奠定了基础。《中共中央、国务院关于加强新时代老龄工作的意见》提出尽快实现企业职工基本养老保险全国统筹，党的二十大报告中进一步强调要在实现全国统筹的基础上进一步完善制度。

（三）不同人群之间的保障水平会进一步缩小

从基本养老保险制度的发展历史来看，农村居民解决了养老保险的有无问题，机关事业单位职工纳入了城镇职工养老保险，在一定程度上已经大大缩小了不同人群之间的保障水平差距。但从实际来看，城乡居民基本养老保险的参保者待遇水平还是远低于机关事业单位职工和企业职工。从长远来看，不同人群之间的基本养老保险待遇差距将会不断缩小。未来，政府将会进一步加大城乡居民基本养老保险的财政补贴，提高他们的待遇，不断缩小这两个保险参保者之间的待遇差距。

（四）多层次保险制度共同发力

目前，中国基本建立起了多层次、多支柱的养老保险体系，第一支柱是保障老年人的基本生活，第二、三支柱是提高老年人的生活质量。但是第二、第三支柱保险作用没有发挥出来。2021年只有2875万人有企业年金，绝大部分人没有企业年金。第三支柱的作用比第二支柱还弱。养老保险的三个支柱应该共同发力，有利于推动养老保险制度可持续发展，有利于扩大老年人收入来源，提高老年人的生活质量。未来，第二、三支柱的作用将进一步提高。2019年，中国将城镇职工基本养老保险企业缴费比例从法定的20%下调到16%，减轻了企业负担，也为企业发展企业年金留出了空间，有利于第二支柱的发展。2022年4月，国务院出台了发展个人养老金的意见，旨在加快第三支柱的发展。

第二节　医疗保险制度加快完善

医疗保险制度是社会保障体系中唯一一个和全体国民有关系的保险制度，但老年群体无疑是受益最大的群体。随着年龄的增加，身体健康状况的下降，老年群体利用医疗保险的概率远远大于其他年龄段群体。

一、医疗保险快速发展

经过多年的努力，中国已经建立起了世界上覆盖人口数量最多的医疗保险制度，广大人民的疾病医疗得到了基本保障。

（一）基本实现了全民覆盖

1998 年国家建立了社会统筹和个人账户相结合的职工基本医疗保险制度，覆盖了城镇所有单位的职工。2003 年开始试点新型农村合作医疗保险，2008 年基本建立新型农村合作医疗保险制度。2009 年建立了城镇居民医疗保险制度，2016 年对新型农村合作医疗保险和城镇居民医疗保险进行了合并，形成了城乡居民基本医疗保险。

近几年，整体参保率基本稳定在 95% 以上。其中城镇职工基本医疗保险的参保人数占到总参保人数的四分之一左右，2022 年底为 36242 万人。随着退休潮的来临，参保退休职工逐年增多，2017 年为 8034 万，到 2022 年增长到 9636 万。

城乡居民基本医疗保险参保人数占到总参保人数的四分之三左右，2022 年底为 98328 万人。

（二）初步构建了多层次的医疗保障体系

为了更好地保障广大人民群众的疾病治疗，中国构建了多层次的医疗保障体系，即以基本医疗保险为主体，医疗救助为托底，补充医疗保险、商业健康保险、慈善捐赠、医疗互助共同发展的医疗保障制度体系。

第一层次是基本医疗保险制度，由三大块组成。第一块是由城镇职工医疗保险和城乡居民医疗保险组成的基本医疗保险。第二块是大病保险，城乡居民称之为城乡居民大病保险，机关事业单位称之为公务员医疗补助，城镇企业职工称之为职工大额医疗费用补助。为了减轻城乡居民负担，2012 年建立大病保险制度，明确规定，在参保人患大病发生高额医药费用情况下，对城乡居民医疗保险补偿后需个人负担的合规医药费用给予保障。第三块是医疗救助，即对就诊困难人员进行资助，不需要个人缴费，救助费用来自财政资金。近年来，医疗救助资金逐年上升，从 2018 年的 424.6 亿上升到 2021 年的 619.9 亿，四年增长了约 50%。资助参加基本医疗保险的人数持续上升，从 2018 年的 4971.59 万人上升到 2021 年的 8816 万人，四年增长了 77%。

北京市城镇职工大病医疗保障

2020 年 5 月，北京市下发了针对城镇职工基本医疗保险参保人员建立大病医疗保障的通知。根据通知规定，医疗费用经过基本医疗保险报销后，自付部分扣除单位补充医疗保险和医疗救助后，剩下的费用如果超过起付标准，就纳入城镇职工大病医疗保障报销范围。

根据自付费用的多少，制定了报销标准。自付费用在起付标准以上（不含）部分累加 5 万元（含）以内的，报销 60%；超过 5 万元（不含）的，报销 70%，上不封顶。

针对特殊人群，如最低生活保障人员、生活困难补助人员、城乡低收入救助人员、特困供养人员和低收入农户等困难人员等，大病医疗保障起付标准降低 50%，各费用段报销比例提高 5 个百分点。

第二层次是企业补充医疗保险，它包括两个制度，一是在国家税收优惠政策支持下由企业建立的补充性医疗保险制度，国家规定企业补充医疗保险费在工资总额 4% 以内的部分，从职工福利费中列支。二是由企业为职工购买的商业健康保险。

第三层次是商业健康保险，包括普通商业健康保险和个人税收优惠商业健康保险，其中后者在 2016 年 1 月 1 日开始试点，2017 年 7 月 1 日推广到全国。

第四层次是慈善捐赠和医疗互助，包括两部分，一是由中华全国总工会主管，中国职工保险互助会运营的职工互助保障活动。截至 2019 年 5 月，各级工会建立职工互助保障组织 100 余家，累计互助会费收入 17 亿元，参保职工 2650 万人次，受益职工 90 余万人次，支付互助金 10 亿元。二是近些年来逐渐发展起来的"网络医疗互助"。

上海市"沪惠保"

"沪惠保"是由中国人寿、新华人寿等 9 家保险公司共同承保的商业医疗保险，2021 年 4 月 27 日正式上线，目前发展规模比较大。保险的主要特点是：

1. 门槛低，覆盖广。上海市基本医保参保人，不限年龄、不限职业、不限健康状况，无需体检，高龄老人、高危职业、既往症人群均可投保。

2. 价格普惠，老少均价。"沪惠保"不分男女老幼，保费统一，一年 115 元，可获得医保范围外一年最高 230 万的补充医疗保障。

3. 个账支付，家庭共济。参保人可使用个人医保卡历年余额直接缴纳保费，可为本人及最多 5 位直系亲属（父母、配偶、孩子）投保。

4. 共保模式，降低风险。"沪惠保"采用"共保体模式"，即 9 家保险公司共同承保，通过建立风险分摊机制，保障产品的可持续运营，保护参保人的权益。

（三）基本医疗保险总体平稳运行

医疗保险制度的平稳运行，基金结余是重要参考依据。基金结余不能过多，过多造成资金闲置，但是也不能太少，容易带来保险运行风险。一般来说：基本医疗保险统筹基金累计结余能够承担 6—9 个月医疗保险支出，则累计结余规模比较合适。如果超过 15 个月，则累计结余太多，如果低于 3 个月，则结余规模不足。统计数据显示，近几年中国职工基本医疗保险基金结余约在 17—21 个月之间，处于结余过多状态。城乡居民基本医疗保险基金结余约在 2—8 个月之间，处于结余适中状态。从累计结余来看，中国基本医疗保险总体运行平稳，见图 2-6。

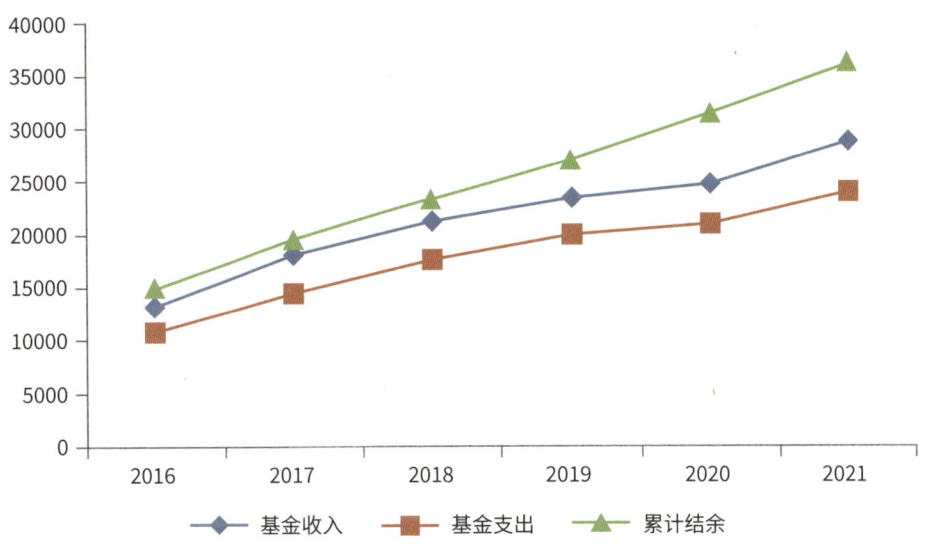

图 2-6 2016-2021 年全国基本医疗保险基金收入、支出、结余情况
资料来源：2016-2021 年全国医疗保障事业发展统计公报

（四）医疗保险惠及广大国民

随着中国医疗保险制度的不断完善，医疗保险较好地保障了中国广大人民的疾病治疗，尤其是广大老年人，极大提高了他们的生活质量，延长了预期寿命。

一是实现了跨省异地就医直接结算，极大地方便了广大人民群众看病治疗。2018年全国跨省异地就医定点医疗机构数量为1.54万家，到2022年年底上升6.3万家。2018年全年住院费用跨省直接结算次数为131.8万人次，2022年达到568.8万人次。

二是药品、医用耗材集中带量采购[2]，使药价虚高现象得到抑制，大大减轻了患者的负担。数据显示，过去5年，国家共组织开展了8批药品集中带量采购，如果按集中采购前采购金额计算，累计节约费用4000亿元以上，这样就大大降低了患者的看病成本。

三是和药企谈判，让他们降低药品价格，将这些药品纳入医保，增加用量。药企以价格换产量，薄利多销，患者得到低价药品，享受到实惠。数据显示，2021年，通过谈判降价，年内累计为患者减负1494.9亿元。

（五）医疗保障公平性不断增强

基本医疗保障制度的统筹层次，决定了整个医疗保障制度的公平性。改革开放以来，中国基本医疗保障制度虽然建立起来，但是统筹层次比较低，基本上是以县、市为统筹单位。2020年2月，中央印发了《关于深化医疗保障制度改革的意见》，要求以市级统筹为目标，2022年全面实现。统筹地区将从2000多个下降到300多个，异地就医现象也会大大降低，参保人员享受医疗保险的公平性将会大大增加。

此外，出台医保待遇清单也将大力提高医保待遇的公平性。中国医保由于统筹层次低，各地医保政策不一致，医保待遇也就不一样。出台医保待遇清单，未来基本医疗待遇都一样，这样就进一步增强了医保待遇的公平性。

---

2 带量采购，就是在招标公告中，会公示所需的采购量，投标过程中，除了要考虑价格，还要考虑你能否承担起相应的生产能量。

二、城乡统筹、权责清晰是医疗保险制度的发展方向

随着医疗保险制度的不断完善，省级统筹、城乡统筹步伐不断加快，覆盖面稳定持续扩大，缴费主体之间的责任和义务更加清晰。

（一）基本医疗保险制度覆盖面进一步扩大

中国医疗保险制度目前虽然参保率很高，但是仍有部分人员因为各种原因无法参加医保。对于家庭经济困难，没有能力参加医疗保险的人群，政府通过医疗救助等方式帮助他们参加基本医疗保险。数据显示，2021年资助8816万贫困人口参加基本医疗保险。未来，基本医疗保险制度覆盖面会进一步扩大。

（二）医疗保险保制度实现城乡统筹

城乡居民基本医疗保险制度参保者以广大农村居民和城镇灵活就业者为主，城镇职工基本医疗保险参保者是以城镇有单位的就业者为主。由于两者缴费不一样，待遇也不一样。城乡居民基本医疗保险资金来源于国家财政补助和个人定额缴费，城镇职工医疗保险资金来源于单位缴费和个人缴费。相对于城乡居民基本医疗保险，城镇职工保险缴费多，因而待遇也比较好。但从个体来说，无论是城镇职工，还是农村居民，在基本医疗保险方面，更想享有同等的待遇。因此，未来的城乡基本医疗保险将实现统筹，形成一个统一的基本医疗保险制度。

目前，在实现统一的城乡基本医疗保险制度方面，中央在统筹，地方在探索。如提高统筹层次，中央要求尽快实现市级统筹，部分省份在探索省级统筹。预计在"十四五"期间，基本医疗保险将实现省级统筹。再比如建立医疗保障待遇清单制度，从全国层面建立基本的医疗保障，各省根据具体情况提供更高质量的服务。

（三）政府、单位、个人的职责更加清晰

中国基本医疗保险制度在建立之初对政府、单位、个人在保险筹资方面有清晰的界定，但是随着人口老龄化的程度不断加剧，医疗保险运行的可持续性不断降低。很多地方政府为了确保医疗保险的正常运行，承担了更多的责任。这样虽然能够保证医疗保险的运行，但是增加了政府的财政负担。长远来看，并不利于医疗保险的可持续发展。未来，将进一步明确个人、单位和政府之间的责任，回归保险设立之初的责任划分，如城镇职工医疗保险，个人缴费和单位缴费分别是工资额的 2% 和 6%，居民基本医疗保险个人缴费和政府补助之比是 1:2。只有这样，才能确保医疗保险的平稳运行。

第三节　长期护理保险制度呼之欲出

随着中国人口老龄化的程度不断加剧，老年人规模日益扩大，2022年底已经达到 2.80 亿。伴随着人口老龄化尤其是患慢性病的老年人口不断增长，失能老年人数量不断增多，给老年人个人、家庭乃至整个社会带来重大影响。为了解决失能老年人问题，长期护理保险制度呼之欲出。

一、长期护理保险制度试点范围不断扩大

长期护理保险制度，是指以社会互助共济方式筹集资金，对经评估达到一定护理需求等级的长期失能人员，为其提供基本生活照料和与之密切相关的医疗护理服务或资金保障的社会保险制度。早在 2012 年，青岛就开始试点长期护理保险制度，利用医疗保险的结余资金作为长期护理保险资金来源。2013 年上海在 6 个街道开展高龄老人的护理保险

制度，2014 年，山东在东营、日照、潍坊、聊城等 4 个市试点长期护理保险。

2016 年，中国正式启动长期护理保险制度试点工作，选择广州、青岛、承德等 15 个城市和山东、吉林 2 个重点联系省份统一组织开展长期护理保险试点。试点地区重点围绕长期护理保险制度政策体系、标准体系、管理办法、运营机制等四个方面，探索建立具有中国特色的长期护理保险制度。

2020 年，中国决定进一步扩大试点范围，在原来试点地区的基础上，又增加了 14 个城市，试点期 2 年。此次试点明确了参保对象和保障范围，资金筹集、待遇支付、优化管理服务等基本政策。截至 2021 年底，49 个试点城市中参加长期护理保险人数共 14460.7 万人，享受待遇人数 108.7 万人。2021 年基金收入 260.6 亿元，基金支出 168.4 亿元。长期护理保险定点服务机构 6819 个，护理服务人员 30.2 万人。

二、试点城市长期护理保险制度基本做法

从试点地区的做法来看，各地区在参保人群、资金来源、保险待遇、支付政策等保险制度的核心政策方面有共同之处，但也有各自的特点。

（一）形成了多个保险资金来源渠道

大部分试点地区的长期护理保险资金来源于城镇职工医疗保险统筹基金、单位补充医疗保险资金、个人缴费、财政补助、福彩公益金等。医疗保险基金是长期护理保险资金的主要来源渠道，即划转部分基本医保基金作为长期护理保险资金。超过一半的地区财政给予一定的补助，少部分地区规定个人需缴纳一定的费用。长期护理保险制度设计成功与

否很大程度上取决于保险资金的获得，多渠道获得保险资金有利于护理保险的平稳运行。

以成都市为例，2022年成都市印发了最新的长期护理保险实施方案，在这个方案中，成都市长期护理保险筹资主要来源于个人缴费、单位缴费和财政补助。参加城镇职工护理保险的，不同年龄段人群缴费不一样，年龄越大，缴费越多。参加城乡居民护理保险的，成人按照每年25元的标准缴费。由于资金来源多渠道，成都市的长期护理保险运行相对比较平稳，基金有一定的结余。

成都市长期护理保险筹资方案

成都市长期护理保险参保人员，包括参加城镇职工基本医疗保险的人员和参加城乡居民基本医疗保险的人员，这两类人群在成都市参加基本医疗保险，就可以参加长期护理保险。

城镇职工长期护理保险基金收入来源包括三部分，一部分是参保人个人缴费。个人缴费以年龄为标准，分为40周岁（含）以下，40周岁以上未退休人员，退休人员三个年龄段。每个年龄段缴费标准分别为职工基本医疗保险缴费基数0.1%、0.2%、0.3%，从医疗保险个人账户中划拨。第二部分是单位缴费，单位缴费为职工医疗保险缴费基数0.2%，从统筹基金中划拨。第三部分是财政补助，按照职工医疗保险中退休人员参保人数进行补助。

城乡居民长期护理保险基金收入来源包括两部分，一部分是参保人个人缴费，成人为每人每年25元，学生儿童（含大学生）为每人每年10元。第二部分是财政补助，成人为每人每年30元，学生儿童（含大学生）为每人每年10元。

（二）构建了科学的评估体系

很多试点城市通过改造国际上通用的一些量表，再结合本地的实际，设计了等级评估标准。如青岛市，对失能老年人从日常生活、精神状态、沟通能力、社会参与等方面进行评估，将失能老年人分为 6 个等级，从 0 级到 5 级，不同的失能程度给予不同的待遇。对于失智人员，从记忆力、计算力、注意力、回忆能力、语言能力等方面进行评估，最终确定失智人员是轻度、中度还是重度。

2021 年国家出台了长期护理失能等级评估标准（试行），要求 14 个新增试点城市参照执行《评估标准（试行）》，原有试点城市参照完善地方标准，最终要统一到《评估标准（试行）》上来。应该说，在国家统一的评估标准没有出台之前，很多试点城市都做了大量的很好尝试，为形成国家统一的评估标准奠定了基础。

青岛市失能老年人评估方案

青岛市失能人员照护需求等级评估包括三大部分内容，第一部分是基本信息，第二部分是能力评估，第三部分是评估结果的处理。

第一部分基本信息，包括两块，一块是对姓名、性别、出生年月、居住地、文化程度、经济状况、生活环境等方面的了解。另一块是对健康状况的了解，详细掌握神经系统、心血管系统、呼吸系统、内分泌系统、消化系统、泌尿系统、运动系统、感觉系统等方面的疾病。此外还包括对特殊医疗护理需求，近三十天内意外事件、营养状况等方面的了解。

第二部分是能力评估，设计了四个评估表，包括日常生活活动评估表、精神状态评估表、感知觉与沟通评估表、社会参与评估表。每个表具体有很多项，对每项根据失能程度赋予一定分数，然后将每项的得分加总，根据总分多少，判断功能的受损程度。一是日常生活活动评估表。主要测试进食、洗澡、修饰、穿衣、如厕、平地行走、上下楼梯等能力，通过这些判断申请人日常生活活动处于什么状态。二是精神状态评估表，主要测试认知功能、攻击行为、抑郁症状等，通过这些判断测试申请人精神状态情况。三是感知觉与沟通评估表，主要测试意识水平、视力、听力、沟通交流等，通过这些判断测试申请人感知觉与沟通状态。四是社会参与评估表，主要测试生活能力、社会交往能力等，判断申请人社会参与状况。

第三部分是对评估结果的处理。单项评估结果出来后，要设计一定的标准，根据标准来确定申请人最终的失能情况。最终等级共分为 6 个等级，从 0 级到 5 级。

（三）提供多样化的服务内容

试点地区根据实际情况，设计了多样化的服务内容可供失能老年人选择，根据服务内容制定了支付标准。如内蒙古自治区呼和浩特市，鼓励居家护理，兼顾机构护理，支持社会组织提供护理服务。设计的服务项目共三大类 39 项，三大类包括基本生活照料项目，非治疗性项目，刚性的特需护理。失能人员自主选择护理地点，既可以在家接受护理，也可以在护理机构接受护理。江苏省南通市服务内容包括但不限于清洁照料、睡眠照料、饮食照料等项目。失能老年人群体的个体需求差异很大，只有提供多样化的服务才能满足失能老年人不同层次的需求。试点地区的长期护理服务提供都在根据本地实际情况向这个方向发展。

呼和浩特市长期护理保险服务项目和内容

一、护理服务内容

呼和浩特市长期护理保险服务包括基本生活照料、非治疗性护理、特需护理三大类共39项内容，其中基本生活照料21项内容，非治疗性护理13项内容，特需护理包括5项内容。

基本生活照料主要包括口腔清洁、洗脸、洗手、洗足、梳头、剃须等一些日常基本的照料，及排泄护理及指导、预防噎食吞咽障碍指导等一些日常活动的预防指导。此外，还包括精神慰藉等精神服务类照护。

非治疗性护理主要包括难度较大一些的护理服务，需要相对比较专业的照护服务，如协助用药、监测生命体征、鼻饲护理及指导、胃肠减压护理及指导、留置尿管护理及指导等。

特需护理主要包括膀胱冲洗、安置尿管、胃管、一般灌肠等。

二、护理服务形式

护理服务形式有两种，机构护理和居家护理。

机构护理主要在养老院、护理院、社区卫生服务中心和部分具有医养结合的医疗机构进行。机构提供基本生活照料服务和医疗护理服务。

居家护理服务方式分为机构上门服务和亲情护理服务。机构上门服务是由机构派出专业护理人员为居家的失能人员提供基本生活照料及医疗护理服务；亲情护理服务是指由失能人员的亲属、邻居等，经专业培训合格后，为其提供护理服务。

三、支付标准

失能等级	每人每月
重度失能三级	1800 元
重度失能二级	1500 元
重度失能一级	1200 元
中度失能	900 元

（四）建立完善的信息化系统

长期护理保险制度的实施是一项系统工程，各试点城市开发了长期护理保险信息化管理系统，加强各部门信息的共享，保证制度的顺利实施。建立了服务的需求方和供给方之间的服务平台，开通了线上业务办理通道，为失能人员和家属提供便捷的服务。充分利用智能移动设备，将失能人员和家属、护理机构和服务人员、护理保险服务中心、医保经办机构、辅具租赁公司等联系起来。

三、加快建设具有中国特色的长期护理保险制度

长期护理保险在中国还处于试点阶段，虽然试点城市在长期护理保险制度探索当中取得了一定的经验，但目前为止还没有形成可复制的统一的模式。但不可否认的是，未来在各地试点的基础上，将会形成有中国特色的长期护理保险制度框架。

（一）形成独立的保险制度

2016 年和 2020 年，国家对长期护理保险制度先后进行了两次试点，第一次试点时，在目标中提到，"探索建立以社会互助共济方式筹集资金，为长期失能人员的基本生活照料和与基本生活密切相关的医疗护理提供资金或服务保障的社会保险制度"。第二次试点时，在基本原则中提到，"坚持独立运行，着眼于建立独立险种，独立设计、独立推进"。

从两次试点的提法中我们看到，中国试点建立的长期护理保险是一种独立的社会保险制度，这种保险制度未来将会独立。党的二十大报告中明确提出要建立长期护理保险制度。《"十四五"国家老龄事业发展和养老服务体系规划》中提出要从职工基本医疗保险参保人群起步，重

点解决重度失能人员基本护理保障需求。预计"十四五"期间将会以城镇职工医疗保险参保人员为对象建立独立的长期护理保险。

（二）建立多元筹资机制

多元的筹资机制是长期护理保险运行能否成功的重要基础。长期护理保险制度第一次试点时提出要坚持责任分担，遵循权利义务对等，多渠道筹资。在第二次试点时，继续坚持多渠道筹资的原则没有变，同时明确提出筹资以单位和个人缴费为主，单位和个人缴费原则上按同比例分担，这就为未来全国统一的长期护理保险制度筹资方式明确了方案。预计在"十四五"期间，中国将会按照这一原则，加快建立长期护理保险制度，明晰参保人、单位、政府承担的责任界限，确保保险制度的资金来源。

（三）构建多层次的长期护理保险体系

失能失智人群是分层次的，有的人收入高，有的人收入低，不同层次的人群需求是不一样的。政府建立统一的长期护理保险制度只能满足失能失智人群基本的需求，要想满足群众多样化、个性化的需求就需要建立多层次的长期护理保险制度，充分发挥商业保险的作用。

2016 年长期护理保险第一次试点的时候，就提出要探索建立多层次长期护理保障制度。要充分发挥社会救助、商业保险、慈善事业等方面的有益补充，解决不同层面护理需求。2020 年扩大试点的时候，继续提出要推动建立健全多层次的长期护理保障制度。因此，从广大老百姓的需求出发，建立多层次的长期护理保险制度是未来发展方向。

第四节　不断加强老年人救助工作

一、老年人社会救助制度

在城市，新中国成立之初，国家拨付大量粮食和经费，对衣食无着的社会群体进行救济，举办社会福利院收养孤寡老人。随着社会发展，老年人社会救助政策逐渐进入法制化轨道。1999年，国务院颁布《城市居民最低生活保障条例》，以法律的形式规定了城市低保标准，为解决城市特困老人社会救助问题提供了制度和经费保障。

在农村，中国于20世纪50年代建立起"五保供养"制度，对农村中无劳动能力、无生活来源、无赡养人和扶养人的"三无"老人（也称孤寡老人），由村集体"保吃、保穿、保住、保医、保葬"，为他们提供最基本的物质生活保障。在集体经济时期，五保供养的费用主要由集体承担，属于农村集体内部的互助共济。1994年，国务院发布《农村五保供养工作条例》。2006年发布新修订的《农村五保供养工作条例》，明确农村五保供养资金主要由国家财政承担，成为社会救济的一部分，实现了农村五保供养制度的历史性变革。2007年，国务院决定在全国建立农村最低生活保障制度。

2014年，国务院印发《社会救助暂行办法》，整合各类社会救助政策，包括最低生活保障制度与特困人员供养、受灾人员救助、医疗救助、教育救助、住房救助、就业救助和临时救助等共八项制度。该《办法》将社会救助上升为国家的法律法规，对包括困境老年人在内的困难群体提供了有力的兜底保障。2016年，国务院下发了《关于进一步健全特困人员救助供养制度的意见》，要求做好特困救助制度与其他制度的衔接工作，包括特困人员救助供养制度与城乡居民基本养老保险、基本医疗保险、最低生活保障、孤儿基本生活保障、社会福利等制度的衔接，基本形成了城乡统一的特困人员救助制度。

近年来，国家不断推进社会救助立法。2020年，民政部和财政部公布《中华人民共和国社会救助法（草案征求意见稿）》，公开向社会征求意见。为了更有效回应困难群众对美好生活的向往和诉求，国家将继续健全社会救助体系，促进社会共同富裕。

二、医疗救助

医疗救助是社会救助的重要组成部分，是政府对因贫困无法获得基本医疗保险或无力承担医疗费用的公民给予经济救助的制度。老年人是慢性病高危人群，医疗救助制度对老年人意义尤其重大。按照《社会救助暂行办法》及有关规定，医疗救助的对象范围主要包括：特困人员，城乡低保对象、农村建档立卡贫困人口和其他县级以上人民政府认定的特殊困难人员。其中，特困人员、低保对象属于重点救助对象。2009年，民政部、财政部、卫生部及人力资源和社会保障部联合发布《关于进一步完善城乡医疗救助制度的意见》，提出逐步扩大救助人群。其后，各地进一步拓展救助对象范围，逐步将低收入家庭的老年人、未成年人、重度残疾人和重病患者等低收入对象纳入救助范围。

2021年，国务院办公厅印发《关于健全重特大疾病医疗保险和救助制度的意见》，明确统筹强化基本医保、大病保险、医疗救助三重制度综合保障，初步探索形成医疗保障减贫的中国方案。该《意见》对进一步完善中国医疗救助制度提出了新的要求。对于救助人群，将更多经济困难家庭人员纳入医疗救助范围，主要包括低收入家庭重病患者以及当地政府规定的其他特殊困难人员，从而将救助对象从绝对贫困人员逐步扩展到相对贫困人员；对于救助内容，坚持以住院救助为主，同时兼顾门诊救助。根据 2021 年全国医疗保障事业发展统计公报，2021 年，全国医疗救助支出 619.90 亿元，资助参加基本医疗保险 8816 万人，实施门诊和住院救助 10126 万人次，全国次均住院救助、门诊救助分别为 1074元、88 元。

三、困境老人关爱服务

在中国工业化、城镇化进程中，由于城乡发展不均衡，造成部分农村留守老年人赡养和照顾问题。2018 年，民政部、公安部等 9 个部门联合印发了《关于加强农村留守老年人关爱服务工作的意见》，推动各地建立健全家庭尽责、基层主导、社会协同、全民行动、政府支持保障的农村留守老年人关爱服务机制。《意见》在强调家庭子女和其他赡养、

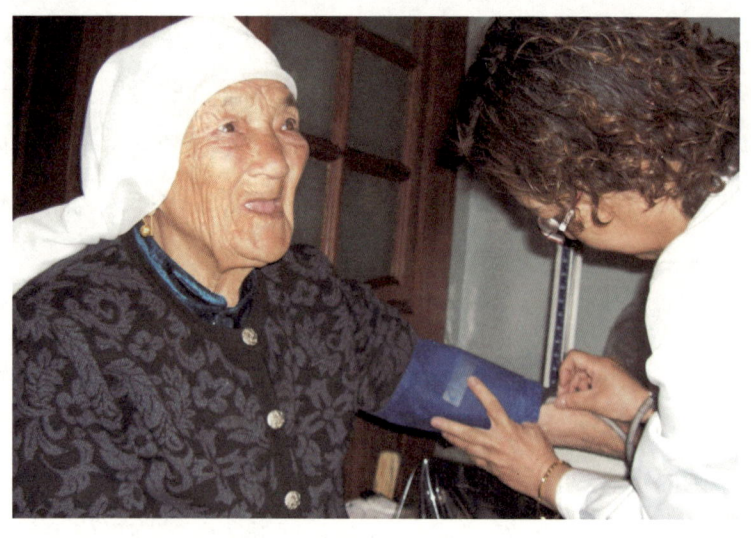

2008 年 4 月，乌鲁木齐市老龄委组织开展免费为百岁老人体检活动

扶养人依法履行对留守老年人经济上供养、生活上照料和精神上慰藉等义务的同时，强调加强政府部门对留守老年人关爱服务的支持保障，发挥村民委员会在留守老年人关爱服务中的权益保障作用，鼓励整合基层各类公用资源，让留守老年人能够就近获得服务。

2022年，民政部、中央政法委等10部门联合印发《关于开展特殊困难老年人探访关爱服务的指导意见》。该《意见》明确，探访关爱老年人服务由政府主导，社会共同参与，通过定期上门入户、电话视频、远程监测等方式，了解掌握特殊困难老年人居家生活情况，督促赡养人、扶养人履行赡养、扶养义务，并根据实际需要提供政策宣传讲解、需求转介和必要救援等服务。

第五节　中国养老保障体系的特点

一、充分发挥制度优势

人口老龄化是全世界人口发展客观趋势，给各国的养老保障体系带来重大影响。面对人口老龄化的冲击，中国有大量国有资产，可以相对容易地解决这一问题。通过划转国有企业的资产来充实社会保障战略基金，为未来人口老龄化高峰时期，社会保险基金收入难以满足支出时提供资金保障。西方国家因为政府没有国有资产，在面对人口老龄化给社会保险带来的冲击时，只有依靠延长工作期限、多缴费等方式来化解矛盾，这些办法很容易引发各种社会矛盾，引起社会动荡。

养老保障体系建设是一项系统、持久工程，需要每届政府不断完善。中国特色社会主义制度，实行的是中国共产党集中统一领导，每届政府的政策是连贯的，都是在上一届政府政策的基础上不断完善。养老保障体系的建设正是在中国特色社会主义制度的保证下，才有了今天的成就。

二、坚持尽力而为，量力而行

养老保障体系的建立要跟国家的经济社会发展水平相适应，既要尽力而为，又要量力而行。中国养老保障体系建立之初，待遇水平比较低，后来随着经济的持续发展，保障水平不断提高，社会救助力度不断加大。目前长期护理保险试点，争取在未来五年构建起中国特色的长期护理保险框架。届时，中国养老保障体系建设将迈上一个新的台阶。

如果没有经济持续快速发展，提高企业养老金标准和增加居民医疗保险财政补贴就会给经济发展带来沉重的负担。整体来看，中国的养老保障体系建设基本上和经济社会发展水平相适应，既不超前，也不滞后；既保障了广大老年群体的生活质量，也没有给财政造成过大的负担；既让广大老年人分享了经济发展的红利，也为有效应对人口老龄化作出了重大贡献，切实体现了以人为本的理念。

三、发挥好政府和市场的作用

中国在建立养老保障体系时，始终坚持政府和市场作用的共同发挥。如养老保险，政府主导建立了基本养老保险，属于第一层次；第二层次是企业主导，建立了企业年金；第三层次是商业养老保险和个人储蓄型养老保险，由个人自己负责。医疗保险也类似，第一层次是基本医疗保险，由政府主导；第二次层次是企业补充医疗保险，由企业主导；第三层次是商业医疗保险，由个人负责。目前正在试点的长期护理保险，提出鼓励商业保险公司开发与长期护理社会保险相衔接的商业护理保险，满足多样化、多层次的长期护理保障需求。从整体上来看，在养老保障体系建设过程中，无论养老保险、医疗保险还是长期护理保险，政府和市场都发挥了很重要的作用。在发挥作用过程中，针对不同层次的保险，各有侧重点，有主导有配合，政府主导时需要市场配合，市场主导时需要政府参与。

第三章 独具特色的养老服务体系

近年，中国不断加强养老服务保障，加快促进养老服务消费，着力构建以居家、社区、机构相协调，医养康养相结合的养老服务体系，取得了显著进展。同时，随着普惠养老政策的推进，各地普惠养老的发展也取得了长足进步。随着信息化社会的快速发展，科技应用于养老服务的探索也不断增多，形成了独具特色的中国养老服务体系。

第一节 社区居家养老服务

一、发展历程

20 世纪 80 年代，国家居家养老服务发展开始萌芽，到了 90 年代，确立了家庭养老和社会养老相结合的原则，社区养老服务迅速发展起来，但家庭养老依旧是养老的主要方式。2000 年，随着中国正式进入人口老龄化社会，养老问题开始逐渐凸显。国家随之明确提出建立"以福利服务机构为骨干、社区福利服务网络为依托、居家供养为基础"的社会福利服务体系[1]，明确了居家养老在国家养老服务体系中的基础地位。到了

---

[1] 民政事业发展"十五"计划和 2015 年远景目标纲要（草案）[EB/OL].http://www.law-lib.com/law/law_view.asp?id=105376，2000-06-15。

2006年，国家开始在政策文件中提出"构建以居家养老为基础、社区服务为依托、机构照料为补充的养老服务体系"。由此，居家养老的基础性地位和社区养老的依托作用得以确立。

简单来讲，居家养老服务就是指政府和社会力量依托社区，为居家的老年人提供生活照料、家政服务、康复护理和精神慰藉等方面服务的一种服务形式[2]。党的十八大以来，国家为顺应老年人居家和就近养老的意愿和期待，积极推动养老服务发展重心向社区和居家养老方向转移，开始构建覆盖城乡的居家养老服务网络，不断完善相关法规和政策体系，增加资金投入，加强基础设施建设，加大改革试点力度，探索创新了多种服务模式，社区居家养老服务业发展速度明显加快。同时，提出了"构建居家、社区、机构相协调、医养康养相结合的养老服务体系"，进一步指明了新时代社区居家养老的发展方向。

二、主要成绩

（一）政策体系初步建立

40年来，国家出台了一系列夯实社区居家养老的政策法规，与社区居家养老相关的社会保障制度、税费优惠和医养结合等政策不断完善。如，全国老龄委办公室等部门《关于全面推进居家养老服务工作的意见》、人民银行等5部委《关于金融支持养老服务业加快发展的指导意见》、国家卫健委等9部门《关于开展社区医养结合能力提升行动的通知》、国家市场监督管理总局等《社区老年人日间照料中心服务基本要求》等。在"十三五"期间，国家分五个批次在31个省份的203个地区开展了居

---

2 关于全面推进居家养老服务工作的意见 [EB/OL].http://www.gov.cn/zwgk/2008-02/25/content_899738.htm，2008年2月25日。

家和社区养老服务改革试点工作，有力推动了社区居家养老服务的发展和相关政策的完善。在试点工作创新实践的基础上，中共中央、国务院《关于加强新时代老龄工作的意见》进一步提出创新居家社区养老服务模式，逐步完善"一刻钟"居家养老服务圈。同时，"十四五"期间，国家民政部、财政部实施了居家和社区基本养老服务提升行动，对建立健全居家社区养老服务高质量发展制度机制有重要意义。

各地也出台了许多关于社区居家养老服务的地方性政策。比如，北京市在 2015 年和 2016 年分别制定了《北京市居家养老服务条例》和《支持居家养老服务发展十条政策》，明确提出了居家养老服务的具体内容、各级政府和街道办事处等主体的职责、配套基础设施建设和医疗卫生服务完善的任务等。随后，又在《关于加强老年人照顾服务完善养老体系的实施意见》《关于加快推进养老服务发展的实施方案》《北京市养老服务专项规划（2021 年－2035 年）》等政策文件中，对丰富和发展社区居家养老服务作出了进一步要求。

（二）基础设施建设不断加强

在国家政策引导和扶持下，各地社区和居家养老服务设施建设不断加强。中央财政每年都会安排资金支持城镇社区福利机构、社区养老服务设施、农村五保供养设施、农村互助幸福院等建设和更新。各级政府和相关部门也积极在社区广泛统筹资源，加强建设和完善适合老年人的公共基础设施、生活服务设施、医疗卫生设施、文化体育设施等。

根据民政部统计数据显示，截至 2021 年底，全国养老机构和设施达到了 35.8 万个，养老床位合计 815.9 万张，其中，全国注册登记的养老机构 4.0 万个，比上年增长 4.7%，床位 503.6 万张，比上年增长 3.1%，社区共有养老服务机构和设施 31.8 万个，床位 312.3 万张。[3]

表 3-1 2015-2021 年全国养老机构和设施、养老床位情况

	2015	2016	2017	2018	2019	2020	2021
养老机构和设施 / 万个	11.6	14.0	15.5	16.8	20.4	32.9	35.8
其中，社区 / 万个	8.8	11.1	12.6	13.6	16.5	29.1	31.8
各类养老床位 / 万张	672.7	730.2	744.8	727.1	775.0	821.0	815.9
其中，社区 / 万张	298.1	322.9	338.5	347.8	336.2	332.8	312.3

① 数据来源于中华人民共和国民政部 2015-2021 年民政事业（社会服务）发展统计公报；
② 数据截止时间均为该年年底。

在近年来开展的"国家社区居家养老服务试点"过程中，各地不断创新社区居家养老服务方式。比如江苏省南京市、山东省青岛市等地借助智能化设备开展"家庭养老床位建设"，北京市西城区通过增设照顾管理师岗位开展"家庭养老照顾床位"服务，上海市奉贤区对农村闲置宅基房屋等基础设施进行再改造，形成了"四堂间"农村社区居家养老服务模式等。

江苏南京：率先开展"家庭养老床位"试点

2016 年，江苏省南京市在全国率先开展了"家庭养老床位"建设试点，社区养老服务中心依托养老机构，将养老院的护理型床位"搬"到了老人家中，并提供远程监测、家庭适老化改造、专业护理等服务，从而把专业设施和服务嵌入到了失能和半失能老人的家庭中。老年人服务中心可以实时更新该区所有家庭养老床位点位分布和服务情况的数据，安装在老人家中的远程智能设备还会记录分析老人的生活习惯，一旦发现异

常行为就会报警，老人也可以使用"智能床"上的紧急呼叫器主动报警，服务中心接到报警后，工作人员就会及时上门提供服务。此外，老人还可以根据自己的实际需求"定制"生活照料、医疗护理、精神慰藉等全方位的服务。目前，南京市已经有 8700 多张家庭养老床位，相当于 80 个中等规模的养老院，极大满足了失能老人家庭照护需求，节约了机构养老的建设费用，缓解了养老"床位荒"问题，提升了社区居家养老服务水平。

（三）政府购买服务力度加大

为了使社区居家养老服务惠及更多老年群体，国家不断加大政府购买服务的力度，在财政部等四部门《关于做好政府购买养老服务工作的通知》等政策文件中，明确了政府购买社区居家养老服务的内容、责任和对象，各地也将政府购买服务与满足老年人基本养老服务需求相结合，逐步拓展政府购买养老服务的领域。

2021 年，乌鲁木齐市财政局安排了 450 万元专项资金，专门用于政府购买社区居家养老服务。松原市财政每年单列 100 万元专项资金，支持政府购买城市居家养老服务；2022 年，辽宁省沈阳市将政府购买居家养老服务的社区由 100 个扩大到了 200 个。各地在实践中大致形成了四种政府购买居家养老服务的模式：以上海市普陀区向"居家养老服务管理中心"购买服务为代表，即由政府定点向其支持成立的专门的社会组织购买社会服务的模式；以南京市鼓楼区向民非组织"心贴心老人服务中心"购买养老服务为代表，即政府向第三方服务机构定向购买社会服务的模式；以安徽省合肥市为代表的公开竞标模式，即按照公平、公开的原则，政府公开招投标来选择社会组织进行社会服务购买的形式；以北京市实施的居家养老券服务制度为代表[4]，即老年人可以凭借政府发放的服务券，来自主选择服务机构进行服务购买的模式。

（四）市场供给内容不断拓展

在市场供给方面，供给主体逐渐多元化，且市场供给内容不断拓展、服务项目涵盖生活照料、家政服务、康复护理、医疗保健、精神慰藉、文教体娱、法律维权、紧急救助等方面，很好地满足了老年人对养老服务的各类需要。具体来看，生活照料服务包括起居、助餐、助洁、助浴、助行、代办等，医疗保健服务包括预防保健、健康管理、诊断和治疗常见疾病、陪同就医等，文教体娱包括在社区提供合适的学习教育、文化体育和娱乐活动等。

兰州城关区：承购打造"虚拟养老院"模式

2009 年，兰州市城关区在全国率先建立了由政府主导、企业加盟、市场运作和社会参与的虚拟养老院，该养老院没有床位，由院中的调度指挥平台完成整个工作，老年人在家中通过电话便可以就近获得加盟企业专业化的服务。根据老年人的健康和经济状况，该养老院还将服务对象分成了四类进行补贴。鸿瑞园老年餐厅是最早加盟的企业之一，该餐厅从 2013 年起不断加大投入，已经将老年餐厅升级为养老中心，不仅提供餐饮服务，老年人还可以在餐厅开展跳舞、下棋等活动。当前，该养老院的加盟企业已经从 30 多家增加到了 120 多家，可以提供生活照料、

---

4 李双全，张航空，《政府购买社会组织居家养老服务：典型模式、适用条件及潜在风险》《江淮论坛》，2019 年第 6 期。

医疗护理、精神慰藉、紧急救援等领域的 150 多项服务，实现了线上调度和线下助餐、助医、助安等"十助"功能。截至 2022 年，已经有 13.9 万名老年人入住了虚拟养老院，占全区老年人口的 64%。

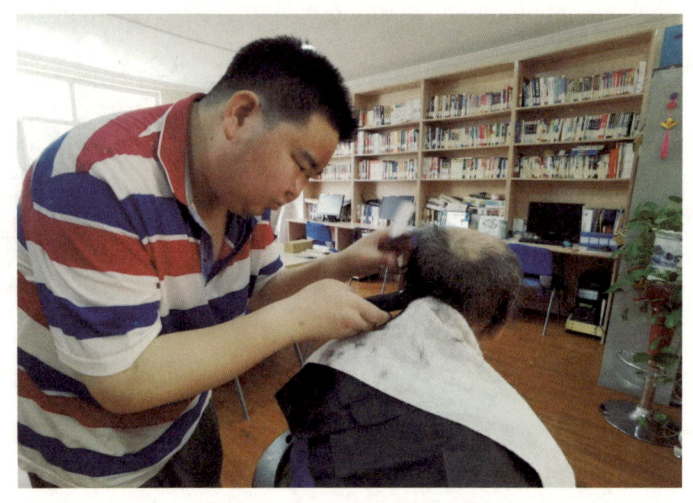

2022 年 8 月，北京市朝阳区东润枫景社区养老服务驿站为居家基本养老服务对象理发

（五）服务模式不断创新

当前，全国已经形成不同特点的社区居家养老服务模式，如嵌入式社区居家养老服务模式、公租房社区养老服务模式、以"时间银行"为代表的互助型社区养老模式、互联网＋社区居家养老模式、物业服务＋社区居家养老模式、医养结合社区居家养老模式、政府购买社区居家养老服务供给模式、居家养老上门服务模式等。同时，在构建"以居家为基础、社区为依托、机构为补充、医养结合的养老服务体系"要求下，各地不断探索创新，出现了各具特色的服务模式。

上海市奉贤区：打造"四堂间"社区居家养老服务模式

上海市奉贤区，为了解决农村养老问题，探索创新了"四堂间"农村社区居家养老服务新模式。主要做法是：将盘活宅基地与农村养老服务建设相融合，利用农村闲置的宅基房屋进行基础设施改造，建设便民饭堂、休闲客堂、快乐学堂和自治厅堂，为独居、高龄、困难等老人提供餐饮、学习、文化休闲、自治议事、医疗服务和便民服务等服务。目前，奉贤区已经建设了约500家"四堂间"，覆盖了全区村落。

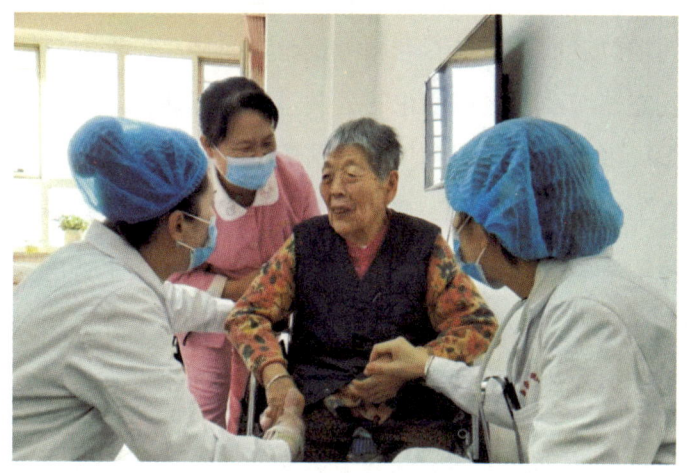

2022年10月，新疆生产建设兵团第六师五家渠市吾家乐宝养老总院为老年人进行"医护服务到床边"特色服务

此外，各种新型养老服务模式也在应运而生。比如，江苏省苏州市沧浪区依托信息化的综合服务管理平台，将政府、养老服务提供者和老年人等主体和信息整合起来，全天24小时为有需要的居家老人提供专业

化和标准化的上门照料、便民家政、陪同就医等养老服务，形成了床位、机构和服务到家的"虚拟养老院"居家养老服务模式。江苏省南通市将居家、社区和机构养老结合起来的链式养老服务模式，江西省新余市"党建＋颐养之家"农村养老服务模式，河南省鹤壁市"四级共管、四养互补、交互融合、政策引领、示范带动"的智慧养老服务模式等。

三、发展方向

（一）夯实社区居家服务网络

未来，将进一步统筹城乡社区居家养老服务网络，充分发挥城乡社区的主体性地位，推动城乡养老服务设施均等化，扩大农村居家养老服务覆盖面，完善城乡社区适老化的公共基础设施建设。城乡社区将设立能够为老年人提供日间照料和上门服务等项目的居家养老服务站，打造"15 分钟"居家养老服务圈。特别是在信息技术不断发展的背景下，还可以充分运用互联网、物联网、大数据、云计算和人工智能等新技术，进一步提高居家养老服务的供给效率，扩展社区居家养老服务内容，更好地满足老年人不出门、不出户、不出社区就能享受到便捷、多元的养老服务。

（二）加大政策扶持力度

在相关扶持政策方面，也会加大力度。如加强社区居家养老服务政策扶持体系建设，引导更多资源向社区居家养老服务倾斜。细化和规范社区居家养老服务政策和条例，根据现实情况拓宽和明确服务对象、内容和标准，界定多元主体的地位和责任。完善家庭支持政策，出台符合实际的税收、住房、户籍、就业和公共服务等社会政策，为有需要的家庭照顾者提供照顾补助和护理培训等，探索开展养老"喘息服务"。进一步扩大社区居家养老服务试点范围，提高家庭养老床位的覆盖面，加大政府购买社区居家养老服务力度，通过支持养老企业用地、减免税费和资金补贴等方式激励养老企业和社会组织发展，进一步繁荣居家养老服务市场。同时，不断完善特殊和困难老年人的服务补贴、服务人员的职业培训补贴等制度。

（三）发挥社会力量作用

包括推动居家和社区养老服务放管服改革，优化审批流程，进一步鼓励社会力量参与居家养老服务市场，鼓励和支持社会力量在社区建设和改造适老化基础设施。社区养老服务中心可以和医疗、教育、心理咨询等机构加强合作，满足老年人对医疗保健和康复护理等的需求。还可以充分发挥社会组织、群团组织以及志愿服务组织等的作用，形成社会广泛参与的社区居家养老服务格局，并积极弘扬尊老孝老的优良传统，营造全社会敬老助老的氛围。

（四）挖掘老年人力资源

老年人是一笔宝贵的财富，在积极应对人口老龄化的过程中，老年人的作用不可或缺。鼓励老年人积极参与社区生活，结合新时代乡村振兴战略的实施，鼓励老年人回归故土，助推农村社区居家养老服务发展。在社区内组建老年志愿服务团队、结对帮扶等方式，为老年人提供更多参与社会的机会，挖掘有知识、有经验和有专业技术的老年人，发挥他们的特长，帮助社区开展居家养老的医疗保健、心理咨询和法律援助等服务。

（五）培育农村互助养老

在各地实践的基础上，进一步扩大农村互助幸福院覆盖面，借鉴河北省邯郸市的"肥乡模式"、上海市幸福老人村的"干部领导型互助养老模式"、湖北省赤壁市曙光种植合作社的"能人带动型互助养老模式"和陕西省安康市结伴养老的"群众自治型互助养老模式"等农村互助养老模式，完善互助养老供给内容和方式。比如，充分利用农村闲置宅基地，为农村老年人提供集中居住、助餐活动等场所。整合农村医疗卫生资源，加强与村卫生室和城镇医疗卫生机构的合作，为老年人提供医疗保健和康复服务。挖掘农村健康老年人的特长，通过制作销售手工艺品、创办农业合作社等方式，实现老有所养和老有所为。引入"时间银行"模式，鼓励有能力的低龄老人帮助有需要的高龄老人、健康老人帮助失能半失能老人等，缓解农村养老队伍人员紧张难题[5]。

第二节　机构养老服务

一、发展历程

随着人口老龄化问题的加剧和人们养老观念的更新，在国家政策文件的支持和引导下，养老服务产业快速发展，养老服务方式日渐多元化，机构养老已经成为社会化养老服务体系的重要支柱之一。2000 年以前，机构养老主要是由政府为主进行的福利性服务。2000 年，随着"社会福

---

5 互助养老模式破解农村养老难题 [EB/OL].https://www.mca.gov.cn/article/xw/mtbd/
　202204/20220400041379.shtml，2022 年 4 月 14 日。

利社会化"进程的加快，机构养老服务不断发展。在 2006 年的全国老龄工作会议上第一次提出了建立"以居家养老为基础、社区服务为依托、机构养老为补充"的中国特色养老服务体系。2012 年后，党和政府高度关注老龄事业和产业发展，社会养老服务体系得以快速发展，机构养老的地位也发生了极大变化。2013 年修订的《老年人权益保障法》规定，"国家建立和完善居家为基础、社区为依托、机构为支撑的社会养老服务体系"。2017 年，国务院《"十三五"国家老龄事业发展和养老体系建设规划》将养老服务体系的内容进一步调整为"以居家为基础、社区为依托、机构为补充、医养相结合"，在随后的政策文件和相关会议上，这一社会化养老服务体系被多次明确和提及。为更好激发养老服务市场活力，满足老年人日益增长的养老需求，2018 年起国家着手推进养老服务市场全面放开，在强化公办养老机构保障作用的同时，大力发展民办养老机构，机构养老服务迎来了新的发展机遇。中共中央、国务院《关于加强新时代老龄工作的意见》也提出，进一步规范发展机构养老，通过多种方式发展机构养老。

二、主要成绩

（一）政策体系不断完善

随着社会福利制度的完善和政府职能的转型优化，国家不断制定和完善促进机构养老健康发展的政策体系。自 2000 年起，相继出台了民政部等《关于加快实现社会福利社会化的意见》、国务院办公厅《关于全面放开养老服务市场提升养老服务质量的若干意见》《关于推进养老服务发展的意见》等一系列政策，对进一步放开准入门槛、提供政策支持、优化市场环境等方面也提出了明确要求。同时，为促进养老机构规范和高质量发展，一系列标准规范和监督管理制度也相继发布，如国家标准《养老机构等级划分与评定》、民政部《养老机构管理办法》。2017 年起，民政部等还专门在全国范围内开展了"养老院服务质量建设专项行动""民办养老机构消防安全达标提升工程"，有力地提高了养老机构的服务质量和监管水平。面对疫情对养老服务机构的冲击，国家发改委等《养老托育服务业纾困扶持若干政策措施》等政策措施也相继出台，有效推动了机构养老服务健康发展。

（二）转制进程不断加快

2013 年，全国开始大力推进公办养老机构转制改革，极大地促进了老龄服务市场领域的公退民进，激发了养老服务产业活力。2013 年 9 月，国务院下发《关于加快发展养老服务业的若干意见》，明确提出要"开展公办养老机构改制试点"，同年 12 月，民政部下发了《关于开展公办养老机构改革试点工作的通知》，并于 2014 年开始在全国范围内推进公办养老机构转制改革，先后遴选了 242 家公办养老机构改革试点单位，进一步明确了公办养老机构的兜底职能，对公办养老机构的收住对象、标准条件等作了明确限制。此后，各地开始纷纷通过公建民营、混合经营、服务外包等多种形式在公办养老机构中引进市场机制，不断提高市场在老龄服务资源配置中的作用。

（三）产业组织不断壮大

在国家政策和市场需求的推动下，全国机构养老服务产业迅速发展，产业组织不断壮大。截至 2021 年底，全国共有养老机构约 4 万个，床位 500 多万张，分别比上年增长了 4.7% 和 3.1%。68.1% 的乡镇已经建立了综合性的养老机构，护理型床位在县级特困人员供养服务机构中占比达到了 64%，机构养老产业的规模持续扩大。

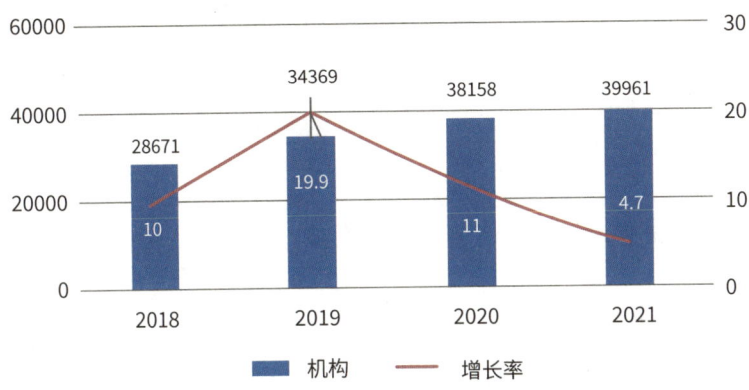

图 3-1 全国注册登记养老服务机构 （个）

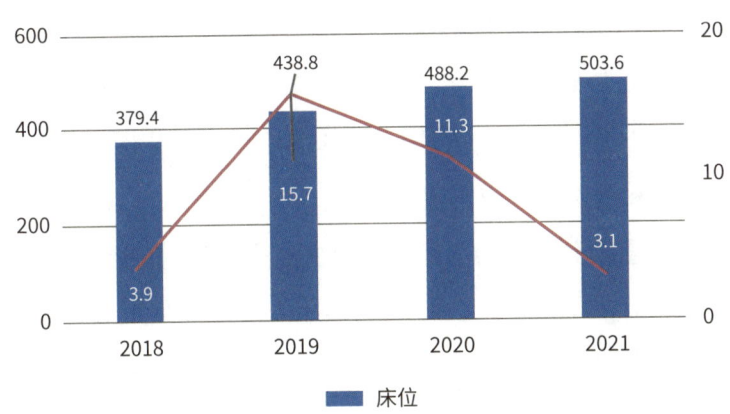

图 3-2 全国注册登记养老服务机构床位 （万张）

注: 数据来源于中华人民共和国民政部 2018—2021 年民政事业发展统计公报。

从产业发展的市场主体来看，机构养老服务的产业主体类型进一步多元与丰富。除公办养老服务机构外，公建民营、民办民营等多种模式的养老服务机构都快速发展起来，外商独资或合资举办的养老服务机构也不断涌现。包括医疗、保险、地产、旅游、教育、培训、电商、互联网、智能科技等相关企业群体纷纷投入到机构养老服务产业的发展中，特别是国有大中型企业、央企、大型民企等资本雄厚、产业规模较大的资本开始加入布局，逐渐成为机构养老服务产业市场竞争中的引领与主导。如作为中国银保监会批准的首个保险资金投资养老社区的试点，泰康人寿旗下的泰康之家医养社区自 2010 年正式成立以来，已经覆盖了全国 24 个重点城市，其中北京等七地社区及配建康复医院已正式投入运营。

（四）专业程度不断提高

机构养老的服务类型及服务内容日渐丰富，已逐渐拓展到生活照料、医疗保健、康复护理、教育培训、娱乐旅游、社区居家老龄服务等领域，服务的精细化程度也不断提高。特别是在医养结合方面，养老服务机构和医疗服务机构的联系越发紧密，已经形成医中有养、养中有医、医养协作等多样的合作模式，老人通过机构养老可以享受专业的医疗卫生服务，满足养老和就医的双重需要。

各地高度重视养老服务人员队伍建设，不少养老机构开始与相关高校和职业院校开展深度合作，吸收高素质人才，而且积极开展各类技能培训。同时，养老机构从业人员的岗位构成也不断完善，逐渐纳入了营养师、社会工作者和心理咨询师等专业人员，进一步提高了机构养老的专业化水平。此外，借助智能穿戴设备、机构设施适老化改造、智慧养老服务平台、虚拟养老院等，机构养老的智能化专业水平不断提高。

（五）医养结合机构深入发展

为了更好地满足老年人的养老和医疗服务需求，国家卫健委等 12 个部门联合发布了《关于深入推进医养结合的若干意见》，进一步加快我国的医养结合服务发展。鼓励养老机构通过协议签约、服务外包、委托经营等方式与医疗卫生机构深化合作，并不断推进医养结合机构"放管服"改革。截至 2021 年末，我国共有两证齐全的医养结合机构 6492 家，床位 175 万张，7.2 万对医疗机构与养老服务机构建立了签约合作关系。在政策的不断推动下，越来越多的养老机构开始与医疗机构合作开展医养结合服务，为入住机构的老年人提供基础的医疗卫生、健康指导以及紧急救助服务。同时，以医养结合、康复护理等专业化服务的机构也开始不断发展，并出现了许多连锁性的专业机构。如浙江的九如城养老产业集团，已经形成了医、康、养融合发展的康养服务综合运营体系，在 10 多个省份，60 余个城市开设康复医院、养老机构等专业化、连锁化的医养结合机构，为老年人提供照料、护理、康复等专业服务。

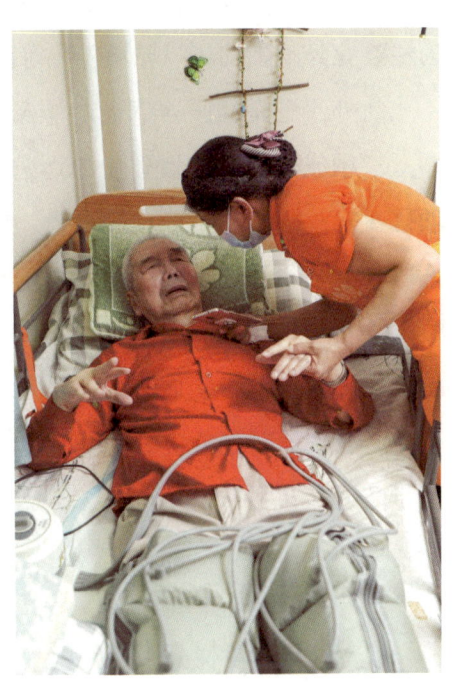

2021 年 9 月，北京向融养老机构护理员为老年人进行腿部理疗服务

（六）品牌发展不断加快

在政府政策指引和市场需求驱动下，老龄服务市场细分进一步发展，在初期集中于高端市场的基础上，中低端市场逐渐被激活，规模化、专

业化、连锁化的养老机构不断涌现，产生了不少知名机构养老品牌。在高端养老服务机构方面，泰康人寿的"泰康之家"、远洋地产的"椿萱茂"、保利的"和熹会"，万科的"嘉园""怡园"和"随园"三位一体模式。在大型医养结合领域，有较早实现康养结合的"光大汇晨"、社区内配建康复医院的"泰康之家"、为失能半失能老年人提供专业的护理服务为主要业务范围的"绿城康养"等。

此外，进军社区居家老龄服务领域的大型企业集团也日益增多，比如，"乐成养老"投资建设和运营了国内首个集中式居家养老社区试点项目——双桥恭和苑；"九如城"打造了"养老综合体 - 城市养老院 - 社区养老 - 居家养老"四级养老服务体系；"寸草春晖"养老机构与首开集团等合作成立了集社区、居家和机构养老为一体的专业护理型养老机构"首开寸草"；"诚和敬"推行了"智慧系统 + 智能终端 + 专业"机构社区居家养老服务模式。同时，各省市也积极培育本土机构养老品牌，不断推进养老服务高品质发展。

三、发展方向

（一）进一步提高服务质量

一是在服务过程中要更加注重老年人的需求以及多元化特征，设计和开发更多人性化的服务产品，不断满足老年人多样化、个性化的需求。二是加快专业技术人才队伍培养，广泛吸纳职业院校中老龄服务与管理、康复护理、健康管理、营养学、社会工作等相关专业的学生，并通过各种形式的职业培训提高服务人员的素质与能力。三是创新服务模式，充分利用互联网、物联网、云计算、大数据和人工智能等新技术、新途径来促进养老机构转型升级，树立机构管理的新理念，更好满足老年群体的服务需求。

（二）加大专业护理型机构发展

随着人口老龄化程度的持续加深，失能、半失能、失智和空巢老人的规模和比例也会不断提高，面对老年医疗护理服务供需矛盾突出的问题，国家不断完善相关举措。国家卫健委《全国护理事业发展规划（2021—2025 年）》、国家卫健委等 15 部门《"十四五"健康老龄化规划》等明确提出，要增加护理服务的供给，将医疗资源丰富地区的部分医院转型为护理院和护理中心，支持社会力量创办规模化的护理中心、安宁疗护中心等，鼓励开展家庭病床和居家护理服务。国务院《"十四五"国家老龄事业发展和养老服务体系规划》明确指出到 2025 年全国养老机构护理型床位占比要达到 55%。此外，失能、失智以及术后康复的老年人刚性需求最为明显，对这些特殊老年群体的预防、干预、康复和护理将是一个需求巨大的市场领域，也是最需要加快发展的老龄服务产业。

（三）加快基层医养结合机构发展

大部分中国老年人实际居住和活动的地方主要在家庭和社区。在健康中国与积极应对人口老龄化战略背景下，积极推进医养服务资源在社区、居家层面的融合，在基层层面提高老年人的健康素养、健康意识，包括营养膳食、疾病预防、健康管理以及老年人术后康复指导与运动等。因此，在大力发展居家、社区养老服务、下沉医疗卫生服务资源的同时，进一步加强医疗、养老等各类服务资源在社区、居家层面的融合，这是未来医养结合的重要内容。同时，进一步发挥地方和基层组织的创新力量，在原有服务模式的基础上，深入发掘不同服务群体的服务需求，整合资源、因地制宜，创造性地探索不同的医养结合服务模式。特别是在农村地区，重点依托乡镇卫生院/所，农村敬老院、福利院等机构，扩大健康知识宣讲、提高健康素养认识、加强疾病预防的普及以及慢病管理的常识宣传，加大对农村地区老年人的术后康复、指导，在提高农村地区医养服务资源的融合上，着力提高农村老年人的健康素养。

（四）加大辐射社区居家养老服务

社区作为一个有效的服务输入与输出平台，可以融合包括医疗、护理、物联网、智能化、信息工程、用品、文娱等各种产品与服务企业。因此，依托社区居家服务平台，将机构专业化和规模化的优势向社区和居家辐射，提供助餐、助浴、康复护理、日间照料等服务，形成"养老机构＋社区＋居家"的三位一体融合养老服务模式，培育、引导、激发、满足老年人的服务需求成为老龄服务产业的重要发展趋势。此外，在服务需求比较明显的城市地区，通过老龄服务与物业公司的结合来为老年人提供居家和社区养老服务。

（五）加快农村养老机构发展完善

国家第七次人口普查数据显示，2020 年我国农村 60 岁、65 岁及以上老年人比重分别为23.81%和17.72%，高出城镇7.99和6.61个百分点，而十年前城乡差距分别为 3.19 和 2.26 个百分点。与城镇相比，农村人口老龄化速度更快且程度更深，农村老年人的养老服务需求也将会逐渐凸显。未来，将会逐步改善乡镇供养机构的条件，参照部分省市的实践，形成区域养老服务中心，或充分盘活宅基地、闲置房屋等土地资源，根据需要建设村级幸福院、日间照料中心、托老所等养老服务机构。推动城乡间的机构养老服务资源和要素流动，探索养老服务机构的跨地区协作路径，将城镇规模化和专业化养老机构的服务延伸到农村。加强村卫生室、城镇医疗卫生服务机构与村养老机构的合作，在有条件的乡村发展医养结合机构，不断满足农村老年人的医疗护理需求。此外，通过税收、土地和金融等方面的政策扶持，鼓励社会力量在农村举办不同规模和不同类型的养老服务机构，激发农村养老市场活力。

第三节　普惠养老服务

一、发展历程

政府主导下的养老服务供给模式重点是保障基本养老服务需求，主要对象为特困、失能失智、低保、空巢和老龄老年人。但随着人口老龄化进程的加快，养老服务的供需矛盾开始明显。于是，中国开始在基本养老服务之外，建立由政策引导、市场供给的普惠养老服务。

2006 年起，辽宁、上海、浙江和广东等地就开始探索构建适度普惠型养老服务格局，2007 年民政部提出社会福利向普惠型转变，普惠养老服务开始出现。党的十八大以来，全国普惠养老服务进一步发展。2013年，国务院《关于加快发展养老服务业的若干意见》指出要"着力保障特殊困难老年人的养老服务需求，确保人人享有基本养老服务"[6]。2019年，国务院办公厅《关于推进养老服务发展的意见》进一步指出，确保到 2022 年在保障人人享有基本养老服务的基础上，有效满足老年人多样

---

6 国务院关于加快发展养老服务业的若干意见 [EB/OL].http://www.gov.cn/zwgk/2013-09/13/content_2487704.htm，2013 年 9 月 13 日。

化、多层次养老服务需求[7]。

同时，为增加普惠养老服务供给、提高养老产业质量，2019 年 2 月，国家发改委等部门共同印发了《城企联动普惠养老专项行动实施方案》，政府和企业签订合作协议，政府提供政策支持，企业提供普惠性养老服务，普惠养老服务进入了加速发展阶段。此后，国家不断确立普惠养老在养老服务体系中的地位。党的十九届五中全会提出要"健全基本养老服务体系，发展普惠型养老服务"。《"十四五"国家老龄事业发展和养老服务体系规划》强调，要大力发展普惠型养老，扩大普惠型养老服务覆盖面，为人民群众提供方便可及、价格可负担、质量有保障的养老服务[8]。

二、主要成绩

（一）理念与政策初步形成

党的十八大以来，普惠养老的理念和政策导向进一步明确。许多重要文件和政策措施得以制定，以保障普惠养老服务顺利推进。在国家发改委等部门《城企联动普惠养老专项行动实施方案》《关于建立积极应对人口老龄化重点联系城市机制的通知》《养老托育服务业纾困扶持若干政策措施》等文件中，对普惠养老的税收优惠、费用减免、设施建设要求和收费标准等方面都作出了相应的要求。同时，养老普惠金融政策体系的建立也在加快，国务院《推进普惠金融发展规划（2016—2020 年）》

---

7 国务院办公厅关于推进养老服务发展的意见 [EB/OL].http://www.gov.cn/zhengce/content/2019-04/16/content_5383270.htm，2019 年 4 月 16 日。

8 国务院关于印发"十四五"国家老龄事业发展和养老服务体系规划的通知 [EB/OL].http://www.gov.cn/zhengce/content/2022-02/21/content_5674844.htm，2022 年 2 月 21 日。

中明确把老年人列为普惠金融的重点服务对象，国务院办公厅《关于推进养老服务发展的意见》明确提出要发展养老普惠金融，并就保险、银行、信托、证券等金融机构作出了具体要求。

"十四五"期间，国家普惠养老政策导向更加明显。"十四五"规划纲要中明确提出要健全基本养老服务体系，发展普惠型养老服务和互助性养老。国家发改委等《"十四五"积极应对人口老龄化工程和托育建设实施方案》中将扩大普惠性养老服务供给，作为养老服务体系建设的三大任务之一，将普惠养老城企联动专项行动作为积极应对人口老龄化的重点工程。

（二）普惠专项行动快速推进

2019 年以来，国家发改委等部门开始在全国范围内开展"城企联动普惠养老专项行动"，并在试点过程中取得了显著成效。城企联动普惠养老专项行动实施之初，首先在南昌等 7 个城市进行了试点，随后扩展到了 27 个省区市的 62 个城市。同时，中央下达了 14 亿元预算内资金，重点支持社区、医养、学习和旅居四类项目。试点城市政府提供土地、规划、融资、财税、医养结合和人才等全方位的政策支持包，企业则提供普惠性养老服务包。

在中央政策指导下，很多地方政府也开始积极制定相关政策并推动落实。2019 年常熟市与企业合作，将虞山镇人民政府建造的虞山颐养山庄改建成了该市第一家公建民营养老机构，新增了 500 张普惠性养老护理床位，获得了 1000 万元的国家财政专项补贴。天津市出台了包括 28 条政策的《天津市城企联动普惠养老专项政府支持政策清单》，湖南省结合自身实际制定了促进省普惠养老城企联动项目实施的指导意见，极大地推动了地方普惠养老服务的发展与实践。

同时，国家逐渐加大金融支持普惠养老专项行动，以降低普惠养老机构融资成本，增加普惠养老服务供给。2022 年，中国设立了普惠养老专项再贷款，人民银行对贷款本金提供 100% 的再贷款支持[9]，并以 400 亿额度在浙江等五个省份开展了试点工作，由国家开发银行等 7 家全国性大型银行向符合条件的普惠养老机构提供优惠利率贷款[10]，为普惠养老提供金融支持。

（三）各地普惠实践不断发展

在国家政策引导下，各地政府积极探索，兜底、普惠和多元性养老服务实践不断发展。

广州市"大城市养老"模式不仅体现出了较大的普惠性，而且社会力量成为基本养老服务的关键主体。截至 2021 年 10 月，广州市普惠型养老服务床位占比达到了 70%，并明确了收费上限；全面推进覆盖全体医保参保人员的长期护理保险制度，为符合条件的失能老人提供 41 项基本生活照料和 34 项医疗护理服务，为经济困难老人提供一定补贴。从社会力量参与上看，广州市取消了养老机构设立许可，经营性和公益性民办养老机构享受同样的优惠政策，本地、外地和境外投资的养老服务项目待遇也相同，当前，社会力量提供了广州市 75% 的养老床位、98% 的居家养老服务综合体、97.5% 的长者饭堂和 95% 的家政养老服务，同

---

9 我国决定设立科技创新和普惠养老两项专项再贷款 [EB/OL].http://www.gov.cn/zhengce/2022-04/06/content_5683785.htm，2022 年 4 月 6 日。

10 五省份开展普惠养老专项再贷款试点 [EB/OL].http://www.gov.cn/xinwen/2022-04/29/content_5688133.htm，2022 年 4 月 29 日。

时，设立了 4 家香港独资、中法、中日合资合作的养老机构[11]。

四川省眉山市依托社区和居家养老服务改革试点，探索建立了"综合体 +"城市普惠养老模式，在每个街道建设 1 个由养老企业或社会组织运营的社区养老服务综合体，在步行 15 分钟范围内辐射周边养老服务站，通过集中和上门等方式提供多样化的普惠养老服务。广东、江西和广西三省正合作探索开创的普惠旅居养老服务模式，郑州、南昌、武汉、成都等城企联动普惠养老试点城市也都在积极推动普惠实践。

三、发展方向

（一）政策体系将进一步完善

在推动探索、实践的过程中，各地将进一步完善和制定普惠养老服务的目标计划、条例规范、清单制度等，确定普惠养老服务在不同地区的收费指导价格、服务项目和具体内容。在不断总结经验的基础上，进一步完善普惠养老城企联动专项行动实施方案，进一步优化对普惠养老服务的资金投入和优惠政策，如建立分层分类分级的资金扶持体系，对不同类型不同层级的养老服务企业给予不同的政策支持等。同时，进一步完善对普惠养老服务机构和服务人员的监督管理制度，进一步规范普惠养老服务质量。在金融政策体系上给予普惠养老更加精准的支持，并通过合理的教育、就业、公共服务等政策引导养老护理等相关专业的青年从事普惠养老服务，不断提高普惠养老服务的供给能力、质量和水平。

---

11 广州养老企业总数 7763 家 居国内首位[EB/OL].https://gd.ifeng.com/c/ 8BDziIUNCqZ，2021 年 11 月 17 日。

（二）普惠模式将进一步清晰

随着各地实践的加快，普惠养老服务的模式也会更加多元。在供给主体上，包括各类企业、社会组织和个体积极参与到普惠养老服务中去。一些新的服务模式探索，如"时间银行""爱心储蓄"等进一步推广。如何在普惠养老的模式中更好地发挥政府在政策支持、金融支持、服务监管、服务购买等方面的作用；如何更好地鼓励和支持企业不断探索创新、合理化成本投入、提高服务水平等；如何更好地在全社会号召和普及普惠养老，充分发挥不同社会主体的责任和作用，整合资源，加强融合，都将会有更加清晰的认识与模式。

（三）服务范围将进一步扩大

一是随着普惠养老服务的进一步发展，城乡服务差距将逐渐缩小。将进一步推动城乡普惠养老服务资源的均衡配置，促进城乡相关资源自由、平等双向流动，养老机构将逐步向农村延伸，在有条件的农村建立社区居家养老服务站点，设立普惠养老农村专项再贷款资金，更大程度满足广大农村老年人的养老需求。二是逐步构建普惠性社区居家养老服务模式，将机构、社区和居家养老服务模式结合起来，对不同收入和家庭状况的老年人给予分类分层补贴，以惠民价格进行收费，使中低收入老年人都能够在家庭或者社区内享受养老服务。同时，将部分养老机构过剩的资源向社区和居家养老服务阵地转移，让更多的老年人能够享受到专业化和精准化的养老服务。三是进一步探索多样化的普惠养老服务模式，支持空置公租房、国企物业等无偿或低价用于养老服务，提高养老服务供给覆盖面，扩大普惠性养老服务范围。

（四）服务内容与质量逐步提高

鼓励普惠养老机构提供日间照料、全托日托、上门服务、长期照护和医养结合等综合性服务，拓展服务功能。在满足基本养老生活需要的基础上，不断提高普惠型养老服务的质量和水平。同时，重视对照护人员的专业技能培训，提高普惠养老服务人员的职业素养。利用现代信息技术，提高普惠养老服务的输送效率，及时掌握老年人服务需求的变化，特别是提高普惠养老服务供需匹配程度，不断提高普惠养老服务的覆盖面、服务质量和服务效率，使其惠及更多的老年人及其家庭。

第四节　智慧养老服务

一、发展历程

随着互联网时代的到来和信息科学技术的日益更新，特别是国家不断大力推进数字经济，智慧化老龄服务产业在近年来突飞猛进。2010 年之后，国家开始逐渐提出并探索"智能养老"方式，并开展了养老服务信息惠民计划等工作。2017 年，工信部等部门明确提出要运用互联网、物联网、云计算、大数据、智能硬件等新一代信息技术产品，推动健康养老服务智慧化升级，并提出加快智慧健康养老产业发展，培育新产业、新业态、新模式，加快推动信息技术产业转型升级。同年 8 月，工信部等三部门组织开展了智慧健康养老应用试点示范工作。

2019 年，《国务院办公厅关于推进养老服务发展的意见》提出实施"互联网 + 养老"行动，推动智慧健康养老产业发展，建设智慧养老院和国家养老服务管理信息系统等。在政策支持引导和产业创新驱动下，一些社会资本纷纷转型、投入智能养老领域，以居家、社区为重点的智能化信息平台得以发展，信息化技术与传统老龄服务产业进行了多方位融合，智能老龄服务产业链条逐渐形成。"十四五"时期，全国智慧养老已经进入全新发展阶段，不少政策规划都对进一步推进智慧养老提出了具体要求，智慧健康养老产业持续快速发展。

二、主要成绩

（一）老龄用品智慧化技术不断提高

在现代制造业迅猛发展进程中，"互联网＋养老"智慧化养老模式逐渐形成，老年智能用品制造发展加快。随着健康传感器、定位服务等技术的兴起，智能穿戴、智能健康产品和智慧监测市场迅速发展，携式穿戴设备、智能手杖、老人卡、智能化轮椅和洗浴设备、生命体征监测床垫、健康一体机、智能护理床、紧急呼叫、智能化安防、电子护栏、监控设备等创新技术产品不断优化，普及力度不断加大。入选 2021 智慧健康养老示范企业名单的河北数港科技有限公司，利用物联网、人工智能等技术，不断加大智能穿戴设备、居家适老设备等智能养老终端产品研发，整合养老、医疗、护理、健康等养老服务信息，实现了线上线下结合，为老人提供多种形式的智能化服务。

此外，人工智能技术也在不断融入物联网和大数据等智能化技术，机器人和各类机器人设备等人机互动类和休闲娱乐类产品逐渐兴起，极大提高了智慧养老服务的质量和效率。百度"五福 AI 助老"项目通过智能语音交互模式，可以让老年人简便快捷地享受生活服务、心理咨询、健康管理、锻炼娱乐等服务，该项目已经覆盖并服务 35 个社区及 2 家养老院。武汉泰迪智慧科技有限公司研发推出了"妙伴机器人"这一智慧养

2021 年 10 月，新疆生产建设兵团第六师五家渠市吾家乐宝养老总院为老年人进行"趣玩小镇手机课堂"特色服务

老陪伴机器人，具备视频医生、健康检测、AI 问诊、用药提醒、老年大学、娱乐陪伴、智能家居等功能，能够满足不同类型老年人多样化的需求。

（二）老龄服务智慧化平台不断搭建

社区居家养老服务智慧化平台的发展速度持续加快。北京市运用大数据和云平台拓展居家养老功能，创新养老健康管理、新型"以房养老"、适老化改造、智能助医等。甘肃省养老服务中心运营管理平台已覆盖到全省 14 个市州的 76 多个县区，初步建立起了互联互通、分级管理的居家养老服务网络。上海市长宁区建成了"智慧长宁·乐 e 生活"网上生活服务中心平台，老人可以通过电话、互联网、手机 APP 等方式获取居家养老、主动关爱、社区生活、紧急援助等综合性服务。

浙江省：打造"浙里养"智慧养老服务平台

以城乡为单位的综合性智慧养老服务平台不断创新完善。浙江省民政厅主导建设了"浙里养"省级智慧养老服务平台，能够为浙江老人提供居家社区养老、机构养老、康养结合、医养结合、人才培养、志愿服务等综合养老服务。平台用户包括从省到村（社区）五级政府，养老机构、金融机构、养老服务组织、社会组织、志愿组织市场等市场主体，老年人及其家属。政府财政性补助资金还可以依托大数据进行分析和评估，按月直接拨付至符合要求的单位和个人账户中。同时，浙江依托该平台开展了养老机构"一床一码一人"试点工作，政府相关部门可以实现数据共享，提高了养老服务效率。

此外，全国还有不少具有针对性的老龄服务智慧化平台，比如杭州海康威视数字技术股份有限公司推出了智慧养老看护平台，运用物联感知、AI 等技术，将健康监测、及时预警、自动报警、护理人员监督等统一纳入到了平台中。

（三）老龄健康智慧化服务不断延伸

智慧健康服务业是智慧养老产业的最重要组成部分，也是发展最快、接受人群最多的行业。在技术和需求的共同推动下，信息技术、养老服务和医疗健康等产业资源快速融合，老龄健康智慧化服务不断延伸，初步形成了包含医疗健康电子产品制造、系统集成和运营服务的智慧健康养老产业链。

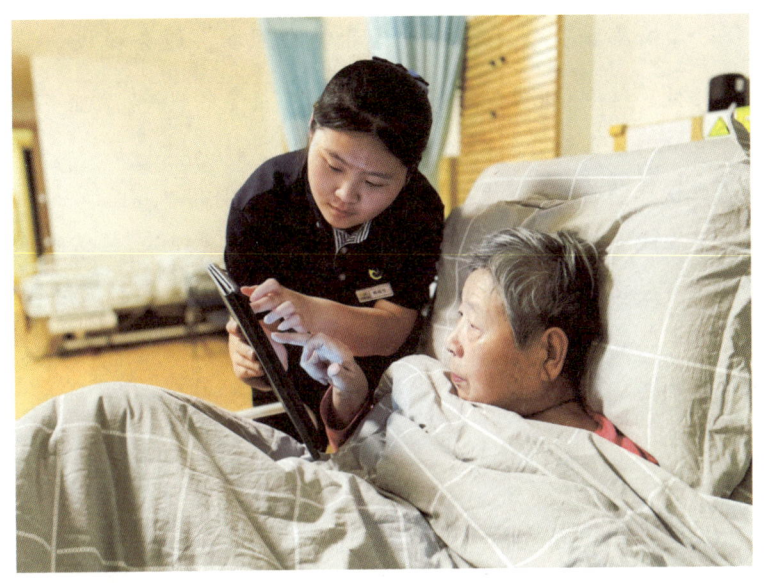

2021 年 5 月，北京寸草春晖养老机构组织老人家属为老人录制了"母亲节的一封家书"，用智能设备为老人播放

工信部等部门发布的《智慧健康养老产品及服务推广目录》共收录了 118 项智慧健康养老产品、120 项智慧健康养老服务。智慧健康养老产品供给越来越丰富，健康管理类智能产品、康复辅助器具类智能展品、养老监护类智能产品、中医数字化智能产品和家庭服务机器人等类别的细分产品越来越多，在医疗、咨询、会诊、保健、康复及精神卫生等方面发挥着越来越重要的作用。老龄健康智慧化服务从原初的远程医疗会诊，逐步拓展到健康数据采集、健康档案建立、健康知识教育、慢性病管理、居家健康养老等领域，能够对健康、失能、残疾和术后康复等不同老年人群体分类提供适宜服务。

青松康护："互联网＋医养整合照护"服务模式

青松健康科技（北京）有限公司，基于多年来的照料康复服务经验，建立了互联网＋医养整合照护服务模式，通过远程＋上门康护服务、院内外连续医养整合照护、大数据决策辅助系统，将用户、医师、护理资源进行线上线下衔接，提供全面的和个性化的健康管理与康复护理服务。老龄健康智慧化服务的场景也不断延伸，覆盖居家、社区和机构等各种场所和养老服务场景中，能够为选择不同模式进行养老的老年人提供智慧健康服务。

三、发展方向

（一）普适通用设计将加快发展

加快智慧养老产品和服务的普适通用设计，提高老年人的应用能力，是智慧养老发展的必然要求。工信部等部门《智慧健康养老产业发展行动计划（2021—2025年）》明确提出到2025年要进一步缩小老年"数字鸿沟"，推动智能产品的适老化设计，增强智能产品的适老化设计，开展互联网应用适老化及无障碍改造，稳步提升人民在养老和健康方面的幸福感、获得感和安全感。为满足老年人对智慧养老的需求，积极加快对中高端产品的普适通用设计，如简化操作界面、加大页面字号、行距、简化操作步骤，同时加快相关网站、APP、公共服务网络等的信息无障碍改造与设计，为老年人提供用得上、用得起、用得好的智慧养老产品与服务。

（二）智慧养老运用场景不断扩大

老龄化加剧对智慧养老的需求将会不断加大，同时随着养老模式的丰富，也对智慧养老运用场景的扩展提出新的要求。工信部等部门《智慧健康养老产业发展行动计划（2021—2025 年）》明确提出要拓展智慧养老场景，推进物联网、大数据、云计算、人工智能和区块链等技术以及移动终端、可穿戴设备和服务机器人等智能养老设备在居家、社区和机构等场景中集成应用，提升养老服务能力。地方政府和相关企业也在积极推动老龄智能产品在多场景中落地应用，为老年人提供实时、高效和低成本的智慧养老新模式。

具体来看，智慧养老运用场景将不断向以下几个方面扩大：以高龄独居老年人智慧照护为代表的综合应用场景；防跌倒、防走失、紧急救援、机构智能视频监控等安全防护类场景；卧床护理场景、家庭照护床位远程支持场景等照护服务类场景；老年慢性病监测和用药场景、机构无接触式智能消杀场景、认知障碍老年人认知训练场景等健康管理服务类场景；智能语音交流互动场景、智能相伴场景等情感关爱类场景；智慧助餐和助浴场景、上下楼梯辅助场景、用电用水用气安全智能管家等日常生活应用场景。

（三）智慧养老产业将快速发展

近年来，全国智慧养老产业规模持续快速增长。2019 年智慧健康养老产业发展大会数据显示，2019 年全国智慧健康养老产业规模近 3.2 万亿元。中商产业研究院发布的《2022 年中国智慧养老行业市场前景及投资研究预测报告》显示，2020 年全国智慧健康养老产业规模近 4 亿元，近 3 年复合增长率超过 18%，2022 年突破 5 万亿元。智慧养老是应对中国人口老龄化加速发展的有效方式，有着广阔的市场空间。

国内外在互联网、物联网、大数据、移动通信、人工智能等方面的持续创新, 能够为智慧养老产品和服务发展提供技术支持。更为重要的是, 智慧养老产业的发展已经上升到国家战略层面, 倡导和支持智慧养老产业发展的政策文件密集出台, 将极大地促进智慧养老产业发展。智慧养老产业智慧养老产业具有产业链长、相关度高、企业协同关系密切的特点, 包括制造业、建筑业和服务业都将随之发展。同时, 随着老年人消费偏好的多样化, 智能养老产业涵盖的领域和内容也将逐步拓展, 互联网＋老龄金融／照护服务／健康保障／住区环境／老年教育等产业发展都会实现新的增长和跨越。

第五节　中国养老服务体系的特点

一、夯实政策制度基础

中国人口老龄化发展速度快, 规模大, 构建完善的养老服务体系起步较晚, 但中国具有强大的制度优势, 能够在短时间内不断夯实应对人口老龄化的各项政策与制度, 出台了一系列政策、措施, 着力发展老龄事业和产业。特别是党的十八大以来, 党和国家对老龄事业和产业的发展更加关注, 在养老服务体系建设方面, 不断加大财政投入, 加快完善相关政策制度, 积极推动试点先行, 着力解决养老服务体系建设中出现的痛点、难点和堵点, 不断提高养老服务发展水平质量, 且成效明显。这是推进中国养老服务体系不断发展完善的重要基石。

二、坚持居家养老的基础性地位

中国老年人最希望的养老方式是居住在自己熟悉的家庭和社区中养老。因此, 中国的养老服务体系一直强调居家和社区的基础性地位, 并同时大力发展社会化养老服务，特别是专业的养老机构服务，以补充家庭养老资源不足和社区养老服务的力量。近年来，党和政府高度重视老龄工作，把积极应对人口老龄化作为国家战略，并着重强调中华孝道、家风传承，支持和发扬家庭养老传统，这是中国在借鉴各国养老方式的同时，充分考虑中国国情和文化特征所作出的中国选择，也是最适合中国老年人意愿和需求的选择。

三、突出普惠性

近年来，在社会养老服务体系的发展中，一个重要的理念就是普惠。简单来讲，就是让更多的老年人及其家庭能够用负担得起的价格，享受到较好的养老服务。为此，中国政府在理念、政策、制度、实践中不断推进完善普惠养老服务。充分体现了社会福祉人民共享的理念精神。一是不断完善政府的基本养老服务制度，充分保障中低收入群体以及失能、失智等特殊困难群体的养老服务需求；二是大力发展普惠养老服务，使越来越多的老年人及其家庭能够享受到价格合理、专业完善的养老服务；三是着力培育和引导养老服务市场发展，进一步丰富养老服务市场供给，满足不同人群个性化、专业化的养老服务需求。同时，在政策上不断完善相关的补贴制度、长期护理保险试点等，着重从支付端解决目前购买力不足的问题，不断推动中国养老服务体系健康发展。

四、注重科技助老

随着信息社会的发展，科技助老在社会养老服务中的作用越来越明显。许多产品制造商开始加大对适老化产品的设计和开发，包括一些适合老年人玩的游戏、娱乐产品。特别是在养老服务领域，科技助老的作用开始逐渐凸显。许多地方建立的养老服务平台，已经形成了综合性的智慧服务网络，不仅能及时为老年人传送服务信息，还能根据老年人的需求及时提供相应的服务。在健康养老服务中，包括远距医疗、智能化的健康管理产品、康复辅具等的迅速发展，已经成为健康养老服务领域中很明显的趋势。此外，在养老服务机构中，利用现代科技技术和信息技术，为老年人提供适宜的健康服务、康复服务、紧急呼叫以及日常生活照料服务等都在不断普及。智慧养老和科技助老的作用不断凸显，应用场景不断延伸，成为中国积极应对人口老龄化实践的一个鲜明特色。

第四章　配套完善的老年健康支撑体系

经过长期奋斗特别是党的十八大以来的砥砺奋进，国家医疗卫生体系逐步健全，医疗资源配置持续优化，城乡基本医疗公共服务均等化水平不断提升，健康中国行动稳步推进，健康服务创新开展，全民健身和全民健康持续融合，人民健康水平不断提升，主要健康指标处于中等收入国家前列。目前，中国人均预期寿命已经达到 78.2 岁[1]，迎来史无前例的长寿时代。全社会把健康老龄化摆在更加突出的位置，着力推动以治病为中心向以健康为中心转变，努力构建综合连续、覆盖城乡的老年健康服务体系，让老年人健康需求得到更好满足，老年人健康水平不断提升，健康预期寿命不断延长。

第一节　老年健康服务体系建设的推进

健康是幸福生活最重要的指标。进入 21 世纪以来，随着经济社会的快速发展和人民健康需求的不断增长，党和政府高度重视人民健康问题，提出实施健康中国战略。快速人口老龄化背景下，健康中国建设关键是调整老龄健康问题在社会发展中的地位和作用，建立与人口年龄结构和

1　数据来自《2021 年我国卫生健康事业发展统计公报》. 可查于国家卫生健康委网站。

疾病谱相适应的健康服务模式，建立完善老年健康服务体系。

一、政策保障日益完善

（一）持续加强对老年健康工作的规划和领导

1996 年颁布的《中华人民共和国老年人权益保障法》在总则中即明确"国家和社会应当采取措施，健全对老年人的社会保障制度，逐步改善保障老年人生活、健康以及参与社会发展的条件，实现老有所养、老有所医、老有所为、老有所学、老有所乐"。为了实现老有所医的目标，国家积极采取切实有效措施，把老年医疗保健工作全面纳入各个时期的老龄事业发展规划、卫生健康发展规划，护理事业发展规划、精神卫生发展规划等，不断推进老年卫生健康工作的进步和发展，老龄健康事业发展得到越来越多的顶层设计支持。

2000 年，中国人口年龄结构开始进入老龄化阶段。中共中央、国务院出台了老龄工作的纲领性文件《关于加强老龄工作的决定》，提出逐步建立比较完善的以老年福利、生活照料、医疗保健、体育健身、文化教育和法律服务为主要内容的老年服务体系。针对老年人健康需求特点，着力提升老年医疗保健服务的可及性和有效性。一方面建立完善基层社区卫生服务能力和网络，另一方面则是不断健全老年医疗保健的服务形式和服务内容。

2021 年 11 月，中共中央、国务院印发《关于加强新时代老龄工作的意见》，明确提出"把积极老龄观、健康老龄化理念融入经济社会发展全过程""构建居家社区机构相协调、医养康养相结合的养老服务体系和健康支撑体系"，这意味着全面践行积极老龄观、健康老龄化理念，建立完善"预防——治疗——照护"三位一体的老年健康支撑体系，成为新时代老龄工作的重点领域和发展方向。

（二）健康中国建设高度关注老年群体

着眼人民群众多层次多样化健康需求持续快速增长，党的十八大以来，以习近平同志为核心的党中央坚持把人民健康放在优先发展的战略地位。2016 年 8 月，全国卫生与健康大会召开，明确新时期卫生与健康工作方针为：以基层为重点，以改革创新为动力，预防为主，中西医并重，将健康融入所有政策，人民共建共享。并明确了健康服务的内涵为：让广大人民群众享有公平可及、系统连续的预防、治疗、康复、健康促进等健康服务。2016 年 10 月，中共中央、国务院印发了《"健康中国 2030"规划纲要》，开启了健康中国建设新征程，全国卫生健康改革与发展进入供给侧结构性改革新时期。在建设健康中国的战略主题上，强调全民健康是建设健康中国的根本目的。立足全人群和全生命周期两个着力点，使全体人民享有所需要的、有质量的、可负担的预防、治疗、康复、健康促进等健康服务，重点关注妇女儿童、老年人、残疾人、低收入人群等重点人群的健康问题。2019 年，由国务院发布的《关于实施健康中国行动的意见》《健康中国行动（2019—2030 年）》相继出台，成为新时期进一步推进健康中国建设规划的"施工图"，围绕疾病预防和健康促进两大核心，开展 15 个重大专项行动，努力使群众不生病、少生病。

老年健康促进行动是《健康中国行动（2019—2030 年）》中 15 项重大行动之一，该行动从个人和家庭、社会、政府三个层面提出 9 项指标和 23 项具体内容。这 9 项指标包括 2 项结果性指标，3 项政府工作指标，4 项个人和社会倡导性指标。老年健康促进行动明确了个人、家庭、社会、政府各个方面的具体要求和行动方向，是统筹和指导中国老年健康发展的重要行动纲领。

围绕优化老年健康服务，促进健康老龄化，各地开展了积极的探索。一是普及健康知识。把提升健康素养作为增进全民健康的前提，倡导每个人是自己健康第一责任人的理念，鼓励居民养成符合自身和家庭特点的健康生活方式。二是强化老年人健康管理。完善家庭医生签约服务，促进慢性病全程防治管理服务同居家、社区、机构养老紧密结合。根据老年人不同体质和健康状态提供更多中医养生保健、疾病防治等健康指导。三是优化老年医疗卫生资源配置。加强康复、老年病、长期护理、慢性病管理、安宁疗护等接续性医疗机构建设，推动医养结合，健全治疗－康复－长期护理服务链。四是关注老年人心理健康。推动开展老年心理健康与关怀服务，加强老年痴呆症等的有效干预。五是重视体医融合。加强科学指导，优化健身环境，促进老年人积极参与全民健身。

老年健康西部行

为贯彻党的十九大提出的"积极应对人口老龄化，为人民群众提供全方位全周期健康服务"要求，提高西部地区老年人健康素养和健康水平，助力卫生健康援疆、援藏和扶贫工作，国家卫生健康委在西部12省（区、市）开展实施"老年健康西部行"项目。

帮助老年人树立"每个人是自己健康第一责任人"的理念，促进老年人形成健康的行为和生活方式，提高老年人健康素养和健康水平。

在卫生健康行业内树立现代老年健康理念，促进由"以治病为中心"向"以人民健康为中心"转变。

营造有利于老年人健康生活的社会环境；引导社会关注老年健康，调动社会和个人参与老年健康服务的积极性。

（三）老年健康服务政策体系不断完善

针对老年人日益增长的多元化发展需求，国家强化老年健康政策服务导向，健全完善老年健康政策体系。针对老年人在健康养老方面的急难愁盼，各项政策举措持续出台，老年友好型城市建设蓬勃开展，积极老龄观、健康老龄化理念日益深入人心。2019 年 10 月，国家卫生健康委员会等 8 个部门联合印发《关于建立完善老年健康服务体系的指导意见》（以下简称《指导意见》），作为老年健康服务方面的专项政策，对老年健康服务发展具有更为系统和明确的引导作用，体现出政策发展中质的变化。《指导意见》明确大力发展老年健康事业，着力构建包括健康教育、预防保健、疾病诊治、康复护理、长期照护、安宁疗护的综合连续、覆盖城乡的老年健康服务体系，提出了很多具有长期性的具体措施。

加强老年健康服务供给侧结构性改革，推进健康老龄化的政策思路延续到了"十四五"时期，成为新时期实施积极应对人口老龄化国家战略和健康中国战略的重要政策举措。

2022 年 2 月，国家卫生健康委员会联合 15 部委发布《"十四五"健康老龄化规划》，其核心目标是持续优化老年健康服务资源配置，推动建立综合连续、覆盖城乡的老年健康服务体系，可以视为前述《指导意见》的延续和深化。立足于推动形成老龄健康工作共建共享的新局面，一方面提出要充分发挥全国老龄办的综合协调作用，把促进健康老龄化的政策措施作为评价全国老龄委成员单位履职尽责情况的重要内容。另一方面则是将在全社会持续开展人口老龄化国情教育，倡导全社会进一步关注和关爱老年人，构建尊老、孝老的社区环境，鼓励和支持社会力量参与、开展多样化老年健康服务。同时在全社会大力宣传和树立积极老龄观、健康老龄化理念，促进老年人及其家庭践行健康生活方式。

从中央到地方的老龄健康工作机制基本建成，具有中国特色的老龄健康政策体系初步形成。全国卫生健康系统和老龄工作系统掀起了持续推进老龄健康工作的热潮，各地纷纷制定老龄健康年度工作要点，明确年度老龄健康工作总体思路和具体任务安排。一年接着一年抓，一茬接着一茬干，各地持续创新工作举措，夯实服务网络、优化服务供给，做实、做优、做强基层老龄健康服务，夯实居民"家门口"与"区域内"全生命周期的健康服务。通过促进城乡老年健康服务均等化，扩大普惠性老年健康和医养结合服务供给，让老年人享受政策红利，实实在在感受到服务就在身边、关怀就在眼前。

二、建设路线图已然清晰

"十四五"时期是国家应对人口老龄化的重要窗口期。《关于加强新时代老龄工作的意见》和《"十四五"健康老龄化规划》以积极老龄观、健康老龄化理念为引领，完整提出了推进老年健康服务体系建设的指导思想、基本原则、任务目标、保障措施等一整套内容，清晰描绘了"十四五"期间中国老年健康服务体系建设的时间表、路线图和任务书。

（一）明确发展方向、原则及重点任务

《"十四五"健康老龄化规划》（以下简称《规划》）明确到 2025 年，老年健康服务资源配置更加合理，综合连续、覆盖城乡的老年健康服务体系基本建立，老年健康保障制度更加健全，老年人健康生活的社会环境更加友善，老年人健康需求得到更好满足，老年人健康水平不断提升，健康预期寿命不断延长。

围绕发展目标，《规划》提出了"十四五"期间老年健康支撑体系建设的九大任务，具体包括：一是强化健康教育，提高老年人主动健康能力；二是完善身心健康并重的预防保健服务体系；三是以连续性服务为重点，提升老年医疗服务水平；四是健全居家、社区、机构相协调的失能老年人照护服务体系；五是深入推进医养结合发展；六是发展中医药老年健康服务；七是加强老年健康服务机构建设；八是提升老年健康服务能力；九是促进健康老龄化的科技和产业发展。

为了更好地实施这些工作任务，实现预期目标，《规划》提出了四项基本原则：第一，健康优先，全程服务。坚持健康至上，以老年人健康为中心，提供包括健康教育、预防保健、疾病诊治、康复护理、长期照护、安宁疗护等在内的老年健康服务。第二，需求导向，优质发展。以老年人健康需求为导向，优化供给侧改革，推动老年健康服务高质量发展，增量与提质并重。构建优质高效的整合型医疗卫生服务体系，加大医养结合服务供给，促进医疗卫生与养老服务深度结合。第三，政府主导，全民行动。发挥政府在促进健康老龄化工作中的主导作用，鼓励

社会资本参与，构建多层次、多样化的老年健康服务体系。倡导个人和家庭积极参与，共同构建老年友好型社会。第四，公平可及，共建共享。以保障全体老年人健康权益为出发点，不断深化体制机制改革，积极推动城乡、区域老年健康服务均衡发展，确保老年健康服务公平可及，由全体老年人共享。

（二）突出服务综合连续、覆盖城乡

聚焦以老年人健康为中心，提供包括健康教育、预防保健、疾病诊治、康复护理、长期照护、安宁疗护等在内的老年健康服务，基本建立综合连续、覆盖城乡的老年健康服务体系这一总体目标，扭住"综合连续，覆盖城乡"这个牛鼻子，各地已经开始了积极探索和科学谋划，着力做好四个提升，三个赋能。

第一，提升服务能力。增加城乡老年健康服务机构数量，补齐设施短板，提高服务能力，壮大服务队伍，丰富服务内容。第二，提升服务质量。构建优质高效的整合型医疗卫生服务体系，协调推进城乡居家社区机构健康服务，不断增加优质医养结合服务供给。第三，提升服务环境。不断提高城乡医疗卫生机构适老化水平，不断优化老年人看病就医服务流程，推动建立有利于老年人"就近就便"的就医环境。第四提升服务覆盖面。积极推动城乡、区域老年健康服务均衡发展，确保老年健康服务公平可及，由全体老年人共享。此外，还要注重做好三个"赋能"，一是注重科技赋能，提升老年健康科技和信息化支撑能力；二是注重管理赋能，逐步建立老年健康相关制度、标准、规范；三是注重市场赋能，鼓励社会资本参与，有序培育老年健康产业。

老年健康服务——浙江行动

加强健康养老政策有效实施。着眼老年人全方位全周期健康服务需要，以大健康理念为引领，从健康教育、预防保健、疾病诊治、康复护理、长期照护、安宁疗护等方面入手，构建综合连续、覆盖城乡老年健康服务体系。着眼有效预防和延缓老年人失能失智，以公共服务均等化为导向，整合医康养资源、打造康养联合体。到2025年，打造1000个康养联合体。

推进"智慧+"医康养一体化。以数字化手段，规范康养联合体建设，实时公布参与联合的医疗机构、康复机构、护理院和养老机构的相关信息。支持有条件的实体医疗机构建设互联网医院，深化"互联网+护理"，提供优质、便捷居家医疗护理模式。以社区为单元，共享健康小屋等资源，共同开展认知症社区筛查、知识宣讲、康复训练等，延缓老年人认知功能衰退。

第二节　强化健康教育和预防保健服务

健康教育和预防保健是老年健康服务体系的最初两个环节，也是最基础和最重要的前提。健康教育工作的推进能够提高老年人主动健康能力，对于满足不同年龄段、不同状态老年人的健康需求，稳步提升老年人的健康水平奠定了坚实的理论基础，也为老年健康服务体系的后续工作提供了必要保障。

一、着力加强老年人健康教育

健康维护，理念先行。为老年人群树立积极、主动的老龄观和生命观，是促进老年人健康、提高老年人素养的第一步。国务院办公厅印发的《"十四五"国民健康规划》、国家卫生健康委等 15 部委联合印发的《"十四五"健康老龄化规划》都将老年健康教育内容摆在了非常重要的地位。在全社会积极树立"自己是健康的第一责任人"意识，强化"家庭是健康第一道关口"的观念，大力扭转传统上对于"健康是医院和医生的责任"这一消极被动的认识。

目前，国家在有关老年健康教育内容、服务供给和模式上做了非常多的探索和保障工作，帮助老年群体主动并积极承担起自己是健康第一责任人的角色。在教育内容上，除了普及健康生活方式以及应急救助处理等知识之外，还突出了老年人群对于听力、视力等感官功能的维护，以及包括平衡、肌肉训练等的运动功能和与我们记忆力相关的认知功能的预防保健，全方位提升老年人群对于"大健康"而不仅仅是"疾病"概念的认知。

国家在推进老年人对于智能设备使用普及和使用水平提升的同时，加大了对于健康信息、知识和技能的宣传质量和力度监控，保证了百姓能够获得第一手、高质量的核心健康信息。从教育服务供给上来看，鼓励和支持社会各类权威教育机构，如全国开放大学、老年教育机构、社区教育机构、老年协会、城乡社区党群服务中心、基层医疗卫生机构和文化体育场馆等，发挥各自的优势和特长，将老年人健康教育内容纳入到机构的日常工作安排当中。除了这些线下的机构培训和宣传活动，还创新老年健康教育的提供方式，开发科普视频，建设开放共享的数字化国家级老年健康教育科普资源库。充分利用传统媒体、短视频、微信公众号、微博、移动客户端等时下流行的多种方式和媒体媒介，传播老年健康相关知识，宣传老年健康达人典型案例，在全人群中树立健康和成功老龄化标杆，鼓励大家见贤思齐，共同拥有更加积极、健康的老年生活。

近年来，老年健康教育的内容和形式在各地呈现出丰富多样、遍地开花的态势。全国各地结合自身特点和需求，因地制宜，积极探索出了适合自己的独特形式。持续开展老龄健康宣传周活动，2022 年全国老年健康宣传周的主题为"改善老年营养，促进老年健康"，有针对性地提出了一般和高龄老年人的膳食指南，引发了广泛社会关注。河南省等地改变过去过于简单、乏味的健康宣教形式，创新性地与曲艺家协会联合，把健康素养的 66 条内容进行了改编和再演绎，用非物质文化遗产"鼓儿哼"的说唱形式进行推广和普及，寓教于乐。广西壮族自治区为推进老年健康教育活动，组织当地红十字会进行现场急救演示，并结合舞蹈和有奖问答的形式鼓励老年人积极参与，提高健康理念。福建省老年医院的专家，利用专业优势，在社区开展专科讲座，并对部分老年家庭进行入户宣教。上海市打造了中老年专属数字化学习平台"金色学堂"；陕西省制作"桑榆未央智慧助老"系列微课程，为老年人运用智能技术提供优质在线教育资源。

2014 年，国家中医药管理局印发了《健康教育中医药基本内容》，里面大量涉及了中医药基本知识、中医养生保健理念和方法、常见疾病的中医药预防保健、老年人等重点人群的中医药养生保健，以及中医药常识。在普及中医药基础知识

的同时，为广大老年群体提供了更多养生保健的原则和具体方法。各地争相开设中医健康大课堂，将健康教育 100% 纳入老年大学及社区老年教育课程内容。同时，积极开展中医药膳食疗科普等活动，推广中医传统运动项目，加强中医药健康养生养老文化宣传。

二、持续提升基本公共卫生服务质量

基本公共卫生服务项目覆盖全国 14 多亿人口，是国家针对当前城乡居民存在的主要健康问题，向全体居民免费提供的最基本的公共卫生服务，与人民群众的健康和生活息息相关。2019 年，老年健康与医养结合被纳入基本公共卫生服务项目，中央财政通过转移支付，安排服务项目补助资金。目前，中国基本公共卫生服务项目有 14 项内容，其中涉及老年人的服务项目包括居民健康档案、健康教育、老年人健康管理、中医药健康管理、预防接种、慢性病患者管理、严重精神障碍患者管理和健康素养促进等 8 项。截至 2022 年，全国各级政府的基本公共卫生服务经费补助已由 2009 年的 15 元，上升到了 84 元，提高了 69 元，更好地扩大了服务覆盖人群，实现了服务项目的增量增容[2]。

党的十八大以来，中国的基本公共卫生服务已经在向高质量方向不断靠拢，聚焦 65 岁以上的人群开展了有针对性的服务，提升了基层公共卫生服务的能力和质量，让老年人群有更高的获得感和安全感。在人员保障方面，加强了对基层一线医务人员的专业技能培训，尤其是针对老年慢性病管理，组织进行《国家基本公共卫生服务规范（第三版）》《国家基层高血压防治管理指南》和《国家基层糖尿病防治管理指南》等知

---

2 数据来自《关于做好 2022 年基本公共卫生服务项目工作的通知》，可查于国家卫生健康委网站。

识培训，在强化临床医疗业务能力的同时，着重增加了基层医务人员对于防病、管病的技术和能力，树立"防病"重于"治病"的理念，夯实基层服务人员的复合能力，全方位地提高健康管理质量。同时，加强基层医疗机构与上级卫生机构的双向转诊联动，建立老年人群转诊绿色通道，优化服务流程，合理利用患者诊前、诊中、诊后时间，为慢性病患者提供预约、筛查、建档、随访、健康教育等服务，切实提高转诊效率和效果，及时有效地解决了老年人重病就诊的急难问题。

在针对 65 岁以上老年人的健康管理方面，国家鼓励各地进行切实有效的探索，握紧健康体检这个抓手，通过多种途径，一方面加大健康管理的宣传力度，使健康管理的理念深入到老百姓心里去；另一方面在检测形式上，采用如移动体检车、组织老年人集中到基层医疗卫生机构、定期设立老年人体检日等方式，最大程度鼓励和方便老年人接受健康体检服务。同时，通过将体检结果及时更新录入居民电子健康档案，实现了对老年人健康状况的动态

管理和监控，并通过信息提示、电子健康档案查询、提供纸质体检报告等多种形式将老年人体检结果告知本人，根据体检时发现的异常结果对老年人的膳食、运动和用药规范等进行有针对性的动态指导。如果发现是基层卫生服务解决不了的严重问题，则及时指导其转诊，并做好追踪随访，直到问题得到了切实有效的控制。

2013 年 6 月，中医药健康管理服务被作为单独一类服务项目纳入基本公共卫生服务当中。此后，各地通过积极制定相关工作方案，使中医药特色服务得到了充分推广和利用，发挥了其独特的优势。全国积极发挥城乡社区基层医疗卫生机构为老年人提供优质规范中医药服务的作用，推进社区和居家中医药健康服务，促进优质中医药资源向社区和家庭延伸。预计到 2025 年，65 岁及以上老年人中医药健康管理率达 75% 以上，建设成为具有中国特色的基本公共卫生服务体系。

三、不断完善老年人预防保健服务

近年来，中国突出健康优先发展制度体系建设，坚持预防为主方针，完善国民健康促进政策，优化重大疾病防控策略措施，广泛开展全民共建共享的健康行动，持续提高广大人民群众的健康水平。

依托疾病预防控制机构和各级各类医疗卫生机构，健全三级预防体系，构建慢性疾病综合防治服务体系。从具体工作来说，包括加强老年人群高血压、糖尿病、冠心病等重点慢性病的早期筛查、干预及分类指导，积极开展阿尔茨海默病、帕金森病等神经退行性疾病的早期筛查和健康指导。这不仅提高了公众对老年病防治知识的知晓率，也在更大范围内让更多人对这些老年病有更多的了解，营造了相互理解、相互关爱的老年友善社会环境。

积极维持和改善老年人的功能状态，注重提高独立生活能力和生活质量。在国家层面发布《老年失能预防核心信息》，着力开展老年人失能预防干预项目，在全社会增强失能预防意识，推动失能预防关口前移，降低老年人失能发生率。鼓励有条件的地方开展老年认知功能筛查，及早识别轻度认知障碍，预防和减少老年痴呆发生。从多个各方面着力降低失能风险因素，维护老年人健康生活所需要的内在能力。在基层社区大力推动开展老年人视力、听力、骨骼健康管理服务，通过全国"敬老月"活动在各地开展听力健康知识讲座进社区活动。在全国组织实施老年口腔健康促进行动，将普及口腔健康知识和防治口腔疾病相结合，降低老年人口腔疾病发生率，同时实施老年营养改善行动，改善老年人营养状况。

四、重视开展老年人心理关爱服务

中国已经步入长寿时代，随着人口预期寿命的增加，老年人群将越来越多地面临"身心"双重疾病的挑战。因此，在积极应对人口老龄化过程中，健全老年人社会心理服务体系，开展老年人心理关爱服务，是十分重要且迫切的。

党的十八大以来，政府和全社会高度重视老年心理关爱工作。在国家卫生健康委等15部委联合印发的《十四五健康老龄化规划》中，明确提出要积极推进和开展老年人心理关爱服务，并将在全国范围内选取1000个城市、1000个农村开展老年心理关爱行动，实现老年心理关爱点在所有县（市、区）的全覆盖。首先，完善精神障碍类疾病早期预防及干预机制。扩大老年人心理关爱行动覆盖范围，针对抑郁、焦虑等老年人常见精神障碍和心理行为问题，开展心理健康状况评估、早期识别和随访管理。其次，实施分类精准服务和关爱常态工作机制。

对评估结果显示正常的老年人，鼓励其继续保持乐观、向上的生活态度，并积极带动身边老年人共同参与社会活动。对评估结果显示轻度焦虑、抑郁的老年人，可实施心理咨询、心理治疗等心理干预，改善其心理健康状况，并定期随访。对评估结果显示疑似存在认知异常或中度及以上心理健康问题的老年人，建议其到医疗卫生机构心理健康门诊就医。特别是针对特殊困难的老年人，积极关注、主动服务，根据不同情况，为相应的人群提供心理辅导、情绪纾解、悲伤抚慰等心理关怀服务。最后，不断完善老年心理关爱社会服务网络。加强全国社会心理服务体系建设试点地区的基层社会心理服务平台建设，提升老年人心理健康服务能力，完善老年人心理健康服务网络。鼓励设置心理学相关学科专业的院校、心理咨询机构等开通老年人心理援助热线，为老年人提供心理健康服务。

各地根据自身情况，积极推进老年心理健康关爱服务。上海市奉贤区柘林镇如意社区居委、青村镇吴房村被列为国家心理关爱项目试点单位。他们对试点村居的65岁以上老年人，特别是贫困、空巢、失能、失智、计划生育特殊家庭和独居老年人，以集中或入户的形式开展心理评估和心理健康宣传。深圳市坪山街道为所属近5000为老年人开展心理状况摸排工作，有针对性地开展心理疏导和关爱。同时采用多举措、多样化的活动开展心理健康宣传，以寓教于乐的方式设置沙盘游戏、情绪卡片、心理绘画等体验区，为不同老年群体提供多层次的心理服务。福建省漳州市医院的精神科医护人员，经常到养老机构为老人进行团体心理辅导活动，不但普及心理健康知识，还对老人进行心理和脑健康筛查。黑龙江省持续扩大针对老年人心理关爱行动的覆盖面，让更多的老年人群能够体验到精神慰藉，使每个老年人都能享有一个幸福的晚年。

老年心理关爱行动

了解掌握老年人心理健康状况与需求；

增强老年人心理健康意识，改善老年人心理健康状况；

提升基层工作人员的心理健康服务水平；

"十四五"期间，将在全国范围内选取 1000 个城市社区、1000 个农村行政村开展关爱行动，到"十四五"期末原则上全国每个县（市、区）至少一个社区或村设有老年心理关爱点。各地按要求对老年心理关爱点常住 65 岁及以上老年人开展心理健康评估，重点面向经济困难、空巢（独居）、留守、失能（失智）、计划生育特殊家庭老年人。

第三节　提升老年医疗服务水平

中国老年人口基数大、增长速度快。同时，老年疾病具有多病性、复杂性、发病快、病程迁延难愈等特征，这就对老年医疗卫生服务能力提出了更高的要求、带来了更大的挑战。近年来，国家在提升老年医疗卫生服务能力水平上持续发力，老年健康服务体系建设扎实推进。

一、增强老年疾病诊治能力

健康，永远是老百姓尤其是老年人最关注的问题。随着年龄增长，老年群体会出现更复杂的共病情况和异质性更高的疾病特征，这就要求增强老年疾病诊治能力。截至 2021 年底，全国设有国家老年疾病临床医学研究中心 6 个；设有老年医学科的二级及以上综合性医院 4685 个，建成老年友善医疗机构的综合性医院 5290 个、基层医疗卫生机构

15431 个[3]。随着老龄化程度的加深，以及老年人群特征和疾病特点，国家对于医疗卫生系统继续提出了一系列的改进和优化措施，着力增强老年疾病的诊治能力，解决老年群体最急难愁盼的健康问题。"十四五"期间，政府多措并举，大力提升老年疾病诊治能力，让老年人看病更方便，更有效。

一是增强老年疾病诊治能力。一方面大力加强综合性医院老年医学科建设，推动老年医学科临床专科能力建设。到 2025 年，二级及以上综合性医院设立老年医学科的比例将达到 60% 以上，以更好满足不断增加的老年群体的医疗服务需求。另一方面，在医疗机构推广多学科诊疗模式，加强老年综合征管理，对住院老年患者积极开展营养不良、跌倒、肺栓塞、误吸和坠床等高风险筛查，在二级及以上综合性医院、康复医院、优抚医院、护理院、医养结合机构开展老年综合评估服务，推动老年医疗服务从单病种模式向多病共治模式转变。

二是提升基层老年医疗服务能力。强化基层医疗卫生机构老年人常见病、多发病和慢性病诊治能力，采用居民健康档案、老年人健康管理、家庭医生、家庭病床等服务形式，根据老年人的不同健康服务需求，为老年人提供综合、连续、协同、规范和平等的基本医疗服务。鼓励各地加强基层医疗卫生机构老年健康服务科室建设，充分发挥大型医院的帮扶带动作用，借助医疗联合体等形式，帮助和指导基层医疗卫生机构开展老年健康服务，惠及更多老年人。

2023 年 2 月国家卫生健康委等六部门联合印发《紧密型城市医疗集团建设试点工作方案》，推动建设紧密型城市医疗集团，为网格内居民

---

3 数据来自《2021 年我国卫生健康事业发展统计公报》，可查于国家卫生健康委网站。

提供疾病预防、诊断、治疗、营养、康复、护理、健康管理等一体化、连续性医疗卫生服务。这将进一步推动优质医疗资源扩容下沉和区域均衡布局，巩固分级诊疗制度建设成效，让老年人看病更方便。

三是加大老年医疗服务人才队伍培养。推进老年医学学科建设和人才培养，加大老年健康专业人才的培养力度、推进老年医学专科联盟建设，通过专科共建、教育培训协同合作、科研和项目协作、中医与西医协作等多种方式，提升各级医生老年医疗服务能力和管理水平，培养具有复合型老年服务和诊疗能力的临床医师。预计到 2025 年，培训老年学科医师不低于 2 万人，培训老年护理专业护士不低于 1 万人，每名老年医学科医护人员至少接受一次专业培训，为老年医疗服务注入了强大又源源不断的新生力量。

四是大力发展中医药老年健康服务项目。"十四五"期间，在老年人中医药健康服务方面，充分发挥中医药在老年疾病综合施治方面的独特优势。加快二级以上中医医院老年医学科建设，加强中医药健康养老服务能力、人才培养能力、技术推广能力建设，提升老年人常见病多发病的中医药服务能力和水平。同时，加强各省级中医治未病中心中医药老年健康服务能力建设，制订相关标准规范，培训推广中医适宜技术，提升中医药特色服务能力。

在加强老年疾病诊治能力方面，各地积极进行探索实践，取得了十分明显的效果。辽宁省省级老年病医院以适老化为原则，根据医院现有条件和老年人群的疾病特点，有针对性地完善科室建设，充分考虑疾病急性期、中期、长期、末期的不同医疗需求，在现有科室的基础上重点加强心脑血管专业、健康管理、康复医学科、中医专业、全科医学科、急诊急救医学科、重症医学科，有的放矢地解决老年人群的健康需求。

湖南省为了提高基层医生老年疾病诊治能力，开办了一系列"老年医学适宜诊疗技术学习班"，以及"老年护理技能培训班"。以上各项举措，都为老年人提供了积极有效的"医"靠。

二、加强康复和护理服务

康复护理是老年疾病诊疗服务的又一延伸，从疾病特征的角度出发，为人群提供系统、连续的康复护理服务，是对老年人功能维护和发挥至关重要的一个环节，也是保证老年人生活质量，使他们能够独立、自主地过上自己想过生活的有力保障。"十三五"时期，国家护理事业快速发展。2020年底，全国注册护士总数470余万人，较2015年增幅达45%，具有大专以上学历的护士超70%，护士队伍学历素质进一步提高。各地基本实现二级及以上医疗机构优质护理服务全覆盖，群众看病就医获得感进一步增强。

目前，中国在加强老年人康复护理服务方面，创新采用连续性服务模式，鼓励康复护理机构、安宁疗护机构纳入医联体网格化管理，建立畅通合理的转诊机制，为网格内老年人提供疾病预防、诊断、治疗、康复、护理等一体化、连续性医疗服务。同时，鼓励医疗资源丰富地区的部分一级、二级医院转型为护理院、康复医院等，加强接续性医疗机构建设，畅通双向转诊通道。通过新建、改（扩）建、转型发展，鼓励多方筹资建设基于社区、连锁化的康复中心和护理中心。鼓励有条件的基层医疗卫生机构根据需要设置和增加提供老年护理、康复服务的床位，以服务更多的老年群体。另外，为满足有居家服务需求的老年人，政府加大了居家医疗服务支持力度，鼓励有条件的医院和基层医疗卫生机构为有医疗服务需求且行动不便的高龄或失能老年人，慢性病、疾病康复期或终末期，以及出院后仍需医疗服务的老年患者提供家庭病床、上门巡诊等居家医疗服务，解决好老年健康服务的最后一公里的问题。同时，健全居家医疗服务的风险防控机制，完善价格等相关政策，促进居家康复护理服务更加规范有效地广泛实施和落地。鼓励医疗卫生机构应用互联网等信息技术拓展医疗、护理、康复等服务的空间和内容，不局限于医疗、不局限于医院，而是充分利用"互联网"的优势，探索"互联网＋护理"的更多可能模式，为更多老年人提供更加多元化的服务。

老年人群中的失能群体，对康复护理要求较高。为此，国家针对失能老年人康复护理工作提出了完善从专业机构到社区、居家的失能老年人健康照护服务模式。鼓励建设以失能老年人为主要服务对象的护理院（中心），鼓励二级及以下医院、基层医疗卫生机构与护理站建立签约合作关系，共同为居家失能老年人提供健康照护服务。同时，面向居家失能老年人照护者开展照护技能培训，提高家庭照护者的照护能力和水平。这一方面能够使居家失能老人得到更好的照护，同时也在一定程度上减轻了照护者的压力和负担。另外，借助信息化手段，对失能低收入老年人的医疗保障、健康照护等情况以及因病返贫风险进行动态监测，在减轻老年人医疗花费的同时，维护了失能低收入老年人身心健康。

护理学是中医药学的重要组成部分，在中医理论指导下，已经形成了独具特色的技术方法和服务流程。国家大力推动中医药护理特色服务，积极推进健全完善中医护理常规、方案和技术操作标准。积极开展辨证施护和中医特色专科护理，持续提升中医护理服务质量，创新中医护理服务模式，发挥中医护理在疾病康复方面的重要作用，促进中医护理进一步向基层和家庭拓展,向老年护理、慢病护理领域延伸。同时,国家十全重视强化中医护理人才培养,通过实施人才强国战略方针,培养了一大批中医护理人才,进一步提高了中医护理服务能力。

2021 年,国家卫生健康委办公厅发布了《老年医疗护理服务试点工作方案》,旨在引导有条件的地区加快发展老年医疗护理服务,创新多元化老年医疗护理服务模式。各地积极响应,多措并举促进老年康复护理服务高质量发展。贵州等地积极创新康复医疗服务模式,推进康复与临床多学科合作模式、大力加强社区和居家康复医疗、推动康复医疗与康复辅助器具配置服务衔接融合,以及加强康复辅助器具在养老服务中的应用,收到良好的服务效果。同时,各地积极利用中医药非药物干预优势,将针灸、艾灸、药浴、贴敷等具有中医特色的护理模式进一步向基层和家庭拓展,向老年护理的各个方面进行延伸,充分发挥了中医药疗法的独特优势,为老年人群带来了更加多样化的护理服务。

老年医疗护理服务试点工作内容

- 增加提供老年医疗护理服务的医疗机构和床位数量;
- 加强老年医疗护理从业人员培养培训;
- 增加多层次老年医疗护理服务供给;
- 创新多元化老年医疗护理服务模式;
- 开展老年人居家医疗护理服务试点;
- 探索完善老年医疗护理服务价格和支付机制。

三、发展安宁疗护服务

随着人们对于优逝愿望的逐渐强烈,中国在安宁疗护服务的推进上不断探索。这一服务的推进，能够为疾病终末期的老年患者提供最大程度的身体、心理和精神方面的照护和慰藉，让每个老人都能够有尊严地走完他们人生的最后一段旅程，体现出对于生命的终极关怀。

首先，稳步扩大安宁疗护试点，完善安宁疗护多学科服务模式，提高临终患者生命质量。根据医疗卫生机构的功能和定位，推动相应医疗卫生机构合理开设安宁疗护病区或床位，按照"充分知情、自愿选择"原则，为疾病终末期患者提供疼痛及其他症状控制、舒适照护等服务，同时对患者及家属提供心理支持和人文关怀。其次，由于中国人具有"叶落归根"的传统思想理念，大多数的老年人最终是在家中离世的，针对安宁疗护需求主要存在于家庭的实际，政府大力倡导社区和居家安宁疗护服务，科学建立医院、基层医疗卫生机构和家庭相衔接的安宁疗护工作机制和转诊流程，积极建立健全安宁疗护服务涉及的止痛、麻醉等药物配备和监管制度。

针对社会对安宁护理人才需求的实际，国家积极鼓励建设安宁疗护培训基地。通过加强组织管理、完善培训制度、充实教学设施、壮大师资队伍、优化培训机构等措施促进安宁疗护培训向专业化、规范化迈进。同时，引导普通高校、职业院校（含技工学校）、开放大学开设老年医学、药学、老年护理、康复、心理、安宁疗护等相关专业和课程，开展覆盖中、专、本、硕、博各阶段的学历教育，扩大招生规模，解决安宁疗护行业所面临的专业服务人员不足的困境。注重解决老年群体及社会大众对于安宁疗护的观念性转变，重视加强对公众的生命宣传教育，将生命教育纳入中小学校健康课程，推动安宁疗护理念得到社会广泛认可和接受，从而使安宁疗护服务成为老年患者临终前的选择。

各地根据自身特点和优势，积极加快推进人生最后一公里的安宁护航工作。辽宁省在积极探索安宁疗护模式时，打造了安宁疗护的"盛京模式"，即连同社区卫生服务中心与三级医院形成上下联动的同质化服务模式"样板间"。上海开展安宁疗护服务近30年，形成了医疗机构以及养老机构和居家相结合的多元化安宁疗护服务体系。他们将社会工作者、志愿者和第三方人员纳入到安宁疗护的服务团队中，极大地扩充了人员力量；此外还将安宁疗护服务纳入上海医保支付范畴内，使老年患者无后顾之忧地走完生命最后一程。这些举措，都体现了一个城市，乃至一个国家的温度和文明进步的尺度。

安宁疗护

安宁疗护，是指为疾病中末期或老年患者在临终前提供身体、心理、精神等方面的照料和人文关怀等服务，控制痛苦和不适症状，提高生命质量，帮助患者舒适、安详、有尊严地离世。

安宁疗护，通过由医生、护士、志愿者、社工、理疗师及心理师等人员组成的团队服务，为患者及其家庭提供帮助，在减少患者身体上疼痛的同时，更加关注患者的内心感受。

四、建设老年友善医疗机构

随着中国老龄化程度的逐渐加深，以及老年群体对于健康服务的特殊需求，中国在积极应对人口老龄化挑战中，大力开展老年友善医疗机构的建设，将"适老化"贯彻到老年人医疗服务的全过程，让老年人体会到暖心、舒心和安心。

具体来说，就是从文化、管理、服务、环境等方面，强化医疗机构老年友善医疗服务，加快老年友善医疗机构建设，方便老年人看病就医。

在文化上，树立关心关爱老年人，保障老年人权益，维护老年人尊严的理念和文化氛围。在管理上，建立老年友善医疗机构的运行机制，包括具有老年医学服务特点的技术规范和持续改进机制，老年医学和老年学人才教育培训的长效机制等。在服务上，不断优化医疗服务流程，改善老年人就医体验。全面落实老年人医疗服务优待政策，完善诊间、电话、自助机、网络、现场预约等多种预约挂号方式，保留一定比例的现场号源。同时，优化服务流程，建立老年人就医绿色通道。在环境上，医疗机构内的各种标识要醒目、简明、易懂、大小适当，对公共设施进行适老化改造，配备必要且符合国家无障碍设计标准的无障碍设施。鼓励医疗机构设立志愿者服务岗，明确导诊、陪诊服务人员，提供轮椅、平车等设施设备。预计到 2025 年，中国 85% 以上的综合性医院、康复医院、护理院和基层医疗卫生机构将成为老年友善医疗机构，让老年人在接受专业化医疗服务的同时，也能够感受到友善的"温度"。

为应对老龄化社会发展需求，各地积极探索，创建出各具特色的老年友善医疗机构建设模式。上海对老年护理医院进行"适老化微整形"，将各个病区和科室之间的无障碍通道打通，为老年患者实现了"一路通"的诊疗环境；湖南省的"老年友善"不仅体现在墙角防撞条、无障碍停车位等细致入微的环境设备上，更是善在人性化服务上。医院将对待老年患者的行为规范纳入到职工手册和绩效考核当中，弘扬了院内敬老、爱老的传统美德。杭州市在推进老年友善医院建设工作时，构建了一站式、一体化和一键式的医疗模式、"人工＋智能"的老人就医"肩负"模式，以及送医下乡项目，极大地改善了城乡老年人就医过程中的"急难愁盼"问题，整体性地推动了整个老年友好型社会的建设。

建设老年友善医疗机构主要内容

建设老年友善文化；

建设老年友善管理；

建设老年友善服务；

建设老年友善环境；

通过开展建设老年友善医疗机构工作，推进医疗机构全面落实老年人医疗服务优待政策，保障老年人合法权益，完善医疗机构各项制度措施，优化老年人就医流程，提供老年友善服务，解决老年人就医在智能技术方面遇到的困难，弘扬中华民族敬老、助老美德，推动建设老年友好社会。

第四节　完善失能老年人长期照护服务

失能照护服务是老年健康支撑体系的重要组成部分。近年来，国家在全国范围内持续推进老年人失能干预、预防项目行动，推动为失能老年人上门开展健康评估和健康服务。鼓励各地通过公建民营、政府购买服务、发放运营补贴等方式，支持各类医养结合机构发展，在全国范围内持续推进长期护理保险制度试点，不断健全居家、社区、机构相协调的失能老年人照护服务体系。

一、建立完善老年人能力综合评估制度

统一的老年人能力评估是基本养老服务制度和长期护理保险制度的"守门人"，以保证资源分配的有效性和公平性。党的十八大以来，中国基本养老服务公平性可及性持续改善，"老有所养"纳入《国家基本公共服务标准 (2021 年版)》，明确提出为 65 岁及以上老年人提供能力

综合评估，做好老年人能力综合评估与健康状况评估的衔接，使老年人能力综合评估制度体系不断完善。在总结多年实践经验的基础上，2013年，民政部印发《关于推进养老服务评估工作的指导意见》和《老年人能力评估》行业标准，为老年人能力综合评估提供了统一、规范、可操作的评估工具，促进各地广泛开展综合评估工作。目前，民政部在现行《老年人能力评估》行业标准基础上，申请获批了《老年人能力评估规范》国家标准立项，在应用场景、指标覆盖面等方面积极做好修改完善工作。2021年，国家医保局、民政部又联合印发了《长期护理失能等级评估标准（试行）》，探索建立评估结果跨部门互认机制。

老年人能力评估对于长期照护服务机构、护理员、老年人及其家属也具有重要意义。如果对老年失能做不出精准评定，就不能将照护服务匹配给真正有需要的失能群体，更不能实现照护服务与不同失能群体的差异化匹配。老年人能力评估通常包括自理功能、运动功能、认知与心理功能、感知觉与社会参与等多个维度。老年人能力评估对确定老年人能力状况、根据失能等级科学制定个性化照护服务方案、精准发放经济困难的高龄、失能老年人补贴，以及提高长期照护服务供给十分重要。具体来说，一是能精准地将受到失能困扰的人群识别出来，不低估也不高估失能群体的规模及长期照护需求规模；二是能刻画不同失能群体的特征，反映出失能群体内部的异质性。

长期照护的每一项服务，都是从评估开始的。对机构而言，可以根据评估结果制定更为精细化的照护计划，合理配置满足个性化需求的服务，避免资源错配并最大化规避风险。同时按照依据合理收费，避免因服务项目与收费标准不清晰引起纠纷。通过定期评估，及时发现老年人的疾病风险和潜在功能障碍，科学调整照护方案，为护理员提供照护服务依据，精准服务不同需求和能力的老人。

对老人和家属而言，能力评估结果让老人更加了解自己，家属根据评估能力等级情况，有条件选择更为适合的养老方式和养老服务，这样的举措，使老人和家属从心理、情感上更加认可和接受机构定制的护理方案。

家属讲述：用科学评估保障"夕阳红"

我的母亲今年92岁了。前段时间，我联系了合肥蜀山区榕树下社会服务中心，上门给母亲做老年人能力评估。评估那天，评估师和一名工作人员来到我家，对母亲的走路、识图、反应等能力进行了综合性评估。母亲身体还算不错，但好多机能有所下降，记忆力减退。最终，评估师认定我母亲为"轻度失能"。此后，社区服务人员时常打电话关心母亲的身体状况，志愿者们常来家里提供个各种服务。

评估看似烦琐，但有科学性，对老人身体各项机能判断准确，为我们照顾老人提供了很有用的参考。比如我母亲忘性大，评估后才发现，这是认知障碍的前兆。随着年岁渐长，我们做儿女的也终将步入老年。母亲的能力评估经验，让我对老年人面临的身心障碍有了更多了解，也看到了一片更加灿烂的"夕阳红"

来源：《光明日报》（2021 年 10 月 19 日 07 版）

二、以医养结合推进资源整合

中国持续推动医养结合发展，开展了形式多样的医养结合服务。一是推进居家社区医养结合。完善服务规范，强化政策支持，创新方式加大居家医疗服务供给，为居家失能失智、慢性病、高龄、残疾等行动不便或确有困难的老年人提供上门服务。实施社区医养结合服务能力提升行动，强化社区卫生服务中心医养结合平台功能。二是通过多种形式推进机构医养结合。鼓励医疗机构举办养老机构，支持大中型养老机构内设医疗机构，拓展深化养老机构和医疗机构签约合作服务机制。三是加强规划引领。推动医疗机构与养老服务机构、社区为老服务中心、社区文化活动中心等设施同址或邻近设置。截至 2021 年底，全国医疗卫生机构与养老服务机构建立签约合作关系的达 7.8 万对；两证齐全（指具备医疗机构执业许可或备案，并进行养老机构备案）的医养结合机构共有 6492 家 [4]。当然，总体而言，中国医养结合在实际发展中还存在诸多问题，服务模式、服务内容、服务标准、筹资渠道均需进一步发展和完善。

持续推进医养结合试点工作，积极探索建立符合国情的医养结合体制机制。2016 年开始，国家卫生健康委联合民政部共同推动国家级医养结合试点工作，共确定两批 90 个国家级医养结合试点单位。2020 年，国家卫生健康委组织开展了老龄健康医养结合远程协同服务试点工作。2022 年，国家卫生健康委进一步在全国范围内开展医养结合示范项目创建工作，包括全国医养结合示范省(区、市)、全国医养结合示范县(市、区)、全国医养结合示范机构。医养结合试点工作的开展一方面推动了政策实施，另外一方面也有利于总结经验，进一步完善政策，推动政策在更大范围内落地，通过示范引领促进医养结合的高质量发展。未来，中国将进一步以需求为导向，围绕老年人身边和周边，加强基层医养资源整合。一方面鼓励基层医疗卫生机构与区域养老服务中心、社区日间照料中心的长期稳定协作，开展形式多样的居家社区医养结合服务。另一方面，则是着力完善价格政策，提高居家上门医疗服务水平。在公立医疗卫生机构内部绩效考核分配时，向完成居家医疗服务、医养结合签约等服务

4　数据来自《2021 年中国卫生健康事业发展统计公报》，可查于国家卫生健康委网站。

较好的医务人员倾斜。

全面加强医养结合机构建设，促进政策衔接、资源共享和服务融合。第一，鼓励多种形式的医疗机构向医养结合服务延伸，支持医疗资源丰富地区的二级及以下医疗卫生机构转型，开展康复、护理以及医养结合服务。具备法人资格的医疗机构可通过变更登记事项或经营范围开展养老服务。医疗卫生机构也可以在养老机构中设立医疗服务站点，提供嵌入式或上门式服务，提高医护人员在养老机构开展医养结合服务的积极性。第二，鼓励有条件的养老机构增强医养结合能力。养老机构内设医疗机构，符合条件的按规定纳入基本医疗保险定点范围，合理核定养老机构内设的医疗机构医保限额。进一步推动制度创新，积极探索医养结合机构养老床位和医疗床位按需规范转换机制。第三，激发市场活力，引导社会资本举办医养结合机构，推动建设一批百姓住得起、质量有保证的集团化、连锁化医养结合机构，加大普惠性医养结合服务供给，不断优化审批服务，加强事中事后监管，开展医养结合机构服务质量提升行动。

三、健全失能老年人照护服务体系

失能老年人长期照护是在人口快速老龄化、人均寿命延长和疾病模式转变这一宏观背景下人类社会需要面对的共同问题。近年来，中国不断强化长期照护保障制度建设，以医养康养相结合、居家社区机构相协调促进养护康一体化发展，减少资源碎片化、服务碎片化和信息碎片化等问题，提升长期照护的专业性和可及性，满足失能失智老年群体的综合性需求。

街乡社区是人们主要的生活场所，社区长期照护能力的提升是难点也是关键，大力发展居家社区照护服务成为社会关注焦点，也是政策支持强化重点。包括：支持社区、机构为失能老年人家庭提供家庭照护者培训和"喘息"服务；鼓励社会力量利用社区配套用房或闲置用房开办护理站，为失能老年人提供居家健康服务；鼓励社区卫生服务中心与相关机构合作，增加照护功能，为居家老年人提供短期照护、临时照护等服务。同时，将机构的资源尽可能地辐射社区，成为未来发展方向。有条件的社区卫生服务中心、乡镇卫生院等基层医疗卫生机构可以根据情况增设护理床位或护理单元。推动医养结合机构开展失能老年人照护服务工作，并向社区和家庭延伸，辐射居家失能老年人。推进养老机构失智老人照护专区和社区失智老人照护点建设，满足老年痴呆患者照护服务需求。

打通失能照护供需双方对接的"最后一公里"，还需要着力完善基层治理。目前，已经有一些城市在积极强化街乡镇对辖区内医养资源的统筹协调功能，探索建立街道乡镇养老服务联合体机制。在设施整合上，推动社区医疗卫生、养老服务、扶残助残等公共服务设施统筹布局和综合利用。在政策整合上，统筹家庭养老床位、家庭病床、家医签约服务、巡视探访等政策，打通民政养老服务网络与卫健"分级诊疗"卫生医疗网络，就近提供整合式长期照护服务。在信息整合上，加强基于街乡社区的老年人基础数据和信息化建设，实现与市、区两级信息在街道层面的数据共享，助力打通一刻钟便民服务圈、社区养老服务圈和社区卫生健康服务圈。

第五节　优化健康生活环境

优化健康生活环境，增加全民健身基础设施的供给，推动老年人参与体育健身，是老年健康支撑体系的重要内容，也是积极应对人口老龄化的应有之义。

一、增加全民健身基础设施供给

近年来，中国全民健身政策不断完善、措施更加有力、环境越来越好。各部门和各地为解决全民健身场地问题做了很多工作，出台了不少支持和优惠政策文件。人民群众通过锻炼促进健康的热情日益高涨，经常参加体育锻炼人数比例持续上涨，健康中国和体育强国建设迈出新步伐。

实施全民健身场地设施补短板工程，加大全民健身场地设施供给。盘活城市空闲土地，用好公益性建设用地，积极倡导土地复合利用，充分挖掘存量建设用地潜力，规划建设贴近社区、方便可达的场地设施。土地、资金等资源不断向群众身边的健身设施倾斜，有效避免了场馆建设"高大上"，但群众用不上的问题。统筹现有各种公园、广场、公共绿地等空间资源，推进群众身边的公共体育健身场地及其配套设施标准化建设。在优先规划建设贴近社区、方便可达的健身设施基础上，推动全民广泛参与体育健身活动。社会体育组织、单项体育协会联合发力，丰富社区体育赛事活动，打造线上与线下比赛相结合、全社会参与、多项目覆盖、多层级联动的"社区运动会"。

持续推动开展全民运动健身模范市和模范县（市、区）的创建，全面强化全民健身工作规范化建设与精细化管理。多种渠道加大全民健身场地设施供给，越来越多的机关、学校体育设施开始向社会开放。全民健身设施网络和城市社区15分钟健身圈全覆盖取得实质性进展，实施全民健身场地设施提档升级工程的同时，注重提高健身设施适老化程度，完善公共健身设施无障碍环境，让更多的老年人能够安全方便地参与到健身活动中来。

智慧化体育设施建设不断推进，推动建设全民健身信息服务平台和全国公共体育设施电子地图。不断提高全民健身公共服务智能化、信息化、数字化水平。当前"互联网＋健身"、居家健身一跃成为全民热捧的新风潮，一种全新的健身方式开始受到大众青睐，也将吸引越来越多的老年人参加。相关部门顺势而为，大力推广居家健身和全民健身网络赛事活动，进一步加强数字化平台服务供给，深入开展群众广泛参与并且满意受益的线上体育健身活动。

全民健身线上运动会

报名参与人数超过 1000 万人！这是 4 月 28 日正式上线的"全民健身线上运动会"两个多月来交出的亮眼成绩单。

"全民健身线上运动会"是由国家体育总局群体司、中华全国体育总会群体部联合部分运动项目中心、全国性单项体育协会、全国性行业体育协会、省（区、市）体育部门和互联网平台携手搭建的全新全民健身线上赛事平台。该平台甫一亮相就受到社会各界的广泛关注，真正实现了该平台上线伊始提出的目标——疫情有反复、健身不间断。

来源：《搭建互联网＋全民健身赛事新平台高质量推动全民参与、全民共享、全民健康》，中国体育报，2022 年 7 月 18 日

二、推动体医融合

体医融合的本质是推进全民健身与全民健康的深度融合。"十四五"期间，政府进一步推动体医融合的发展。一是倡导主动健康意识，推动健康关口前移，建立集科学健身、运动营养、伤病防护、心理调适为一体的运动促进健康新模式。二是加强运动防护师、运动营养师等人才培养，建立体卫融合重点实验室，完善运动处方库。三是开展老年人非医疗健康干预，支持社会力量参与新建社区老年人运动与健康服务中心，提供有针对性的运动健身方案或运动指导服务。四是落实国民体质监测、

国家体育锻炼标准和全民健身活动状况调查制度。五是支持地方开展"运动健康师"试点工作。

"运动处方"是连接体育和医疗的重要桥梁。各地积极开展老年人体医、体养融合的研究与探索，建立运动处方库，针对不同年龄、性别、身体素质等情况的群体提出个性化的体育健身运动处方，推动形成"体医结合"的疾病管理与健康服务模式。积极鼓励、引导各类主体参与发展老年人运动与健康服务，合力推动体医融合高质量发展。

江苏启动建设运动处方库

- 2021年3月17日，江苏省体育局和江苏省卫生健康委签署体医融合战略合作协议，提出启动建设覆盖全生命周期、个性化、精细化的江苏省运动处方库；

- 推动将体医融合服务纳入家庭医生签约服务，完善包含体质状况的城乡居民电子健康档案库；将体医融合相关产业纳入江苏省体育产业引导资金支持范围，专项支持群众参与慢性病运动干预服务消费；

- 建设运动处方师培训基地，组织400名以上运动处方师培训；在5000多名社会体育指导员培训中增设健康管理、基础医疗和急救课程，在健康生活方式指导员培训中增加科学健身指导知识和技能。

三、发展康养产业

康养产业，旨在满足广大人民健康养生养老需求，服务形态涵盖养生养老、康复疗养、健康管理、运动休闲、文化旅游等诸多方面，涉及农业、制造业和服务业，覆盖面广、产业链长、潜力巨大。

康养产业，既为改善国计民生作出了积极贡献，也对应对中国老龄化社会起到了十分重要的作用，成为老年群体的共同愿望和刚性需求。

目前，中国的康养产业政策支持环境不断优化，康养产业政策红利持续释放，促进康养产业发展的政策和行动已经全面融入到健康中国、积极应对人口老龄化、乡村振兴、区域协调发展战略等国家战略中。近年来，国家层面持续出台康养产业优惠扶持政策，从财政支持、土地保障、税收优惠、人才引进、技术创新等方面，加大扶持力度，鼓励社会资本积极参与康养产业发展。

各地康养产业蓬勃发展。2017年《国务院关于支持山西省进一步深化改革促进资源型经济转型发展的意见》，将"支持大同市建设综合康养产业区"作为山西省产业转型升级的重点行动之一，开启了各地探索发展康养产业的序幕。不少地区将康养产业纳入本地国民经济和社会发展总体规划，并通过制定实施康养产业发展专项规划，从产业定位、发展布局、资源整合、科技研发、综合配套、政策完善等方面系统推进本地康养产业长远发展。目前，康养产业发展和康养项目建设已经在全国各地普遍展开，体现了康养产业所具有的内生活力。当然，康养产业快速发展的同时也面临着诸多难题，需要多方联动，营造良好发展环境，形成康养产业生态圈，拉动康养产业大发展。

第六节　中国老年健康支撑体系的特点

一、树立积极老龄观、健康老龄化理念

积极老龄观最基本的内核就是积极看待老龄社会、积极看待老年人和积极看待老年生活。树立积极老龄观就是要辩证看待人口老龄化，既要充分认识人口老龄化带来的问题和挑战，更要深入挖掘老龄社会潜能，

激发老龄社会活力。中国持续在全社会开展人口老龄化国情教育、老龄政策法规教育，全社会接纳、尊重、帮助老年人的关爱意识不断增强，老年人自尊、自立、自强的自爱意识也不断增强，全社会积极应对人口老龄化的信心和决心不断提升，积极老龄观在全社会得到广泛传播。健康老龄化是应对人口老龄化成本最低、效益最好的手段，既体现人类社会应对人口老龄化的一般规律，也符合中国国情。积极老龄观之下的健康老龄化并不意味着终身无病，而是尽可能地发展和维持老年人的身体功能，让老年人能够做自己想做的事，去自己想去的地方。

"十四五"时期，国家明确提出要将积极老龄观、健康老龄化理念融入经济社会发展全过程各环节，将健康中国战略和积极应对人口老龄化国家战略协同推进，把老有所为与老有所养结合起来。通过完善就业、志愿服务、社区治理等政策措施，鼓励老年人继续发挥作用。通过完善老年人健康支撑体系，提高老年人健康服务和管理水平，加强失能老年人长期照护服务和保障，深入推进医养结合，积极推进健康老龄化，延长老年人健康预期寿命。通过加强老年友好社会建设，推进老年友好型社区示范创建，打造老年人健康生活所需的城乡人居环境，全面提高老年人健康水平和生活质量。

二、以老年人健康需求为中心

加强老年健康工作法律制度保障，将"国家制定并实施老年人健康工作计划"写入《中华人民共和国基本医疗卫生与健康促进法》。注重围绕以健康为中心，统筹社会、行业和个人三方面力量，聚焦老年健康薄弱地区和薄弱领域，从中央到地方开展了维护和促进老年健康的实践行动。

坚持预防为主的方针，强化健康教育，提高老年人主动健康能力，完善身心健康并重的预防保健服务体系。引导全社会和老年人普遍树立"维护机体功能，保持自主生活能力""自己是健康第一责任人""家庭是健康第一道关口"等健康观念和意识。将老年健康与医养结合服务纳入国家基本公共卫生服务项目，惠及所有老年人。聚焦身心功能改善，在全国范围内实施老年心理关爱行动、老年营养改善行动以及老年口腔健康行动，持续提升老年人健康水平。

以老年群体健康需求为导向，不断完善老年健康服务支撑体系，完善全方位全周期健康服务，加强预防、治疗、护理、康复有机衔接，是中国政府的一贯主张。多年来，政府主动适应人口老龄化形势需要，开展老年友善医疗机构创建工作，不断深化细化创建内容和标准，提升老年人就医满意度；积极加大资源投入，想方设法提升康复和护理服务能力；高度重视和充分发挥康复医疗在老年健康服务中的作用，为老年患者提供早期、系统、专业、连续的康复医疗服务，促进老年患者功能恢复，为保护老年人健康提供了必要的条件；千方百计建立覆盖老年人群疾病急性期、慢性期、康复期、长期照护期、生命终末期的护理服务体系，不断完善以机构为支撑、社区为依托、居家为基础的老年护理服务网络，让更多老年人享受到"老有所医、老有所养"的政策关爱。

三、发挥中医药在健康促进中的作用

中医药是中华优秀传统文化的重要载体，在维护国民健康方面发挥着重要且不可替代的独特作用。在实施健康中国战略中，党中央、国务院十分注重充分发挥中医药在治未病、重大疾病和疾病康复阶段的优势作用，使其更好地服务于人民健康，积极应对人口老龄化带来的健康挑战。

一是发挥中医药"未病先防"的"治未病"优势特色。中医当中有

顺应四时、防微杜渐的"治未病"理念，也是中医药最具有特色的防病治病原则，对于阻断和延缓疾病进展过程具有关键性作用。早在 2008 年，国家中医药管理局就在全国实施了"治未病"健康工程，探索构建中医特色预防保健服务体系。"十四五"期间，国家已经开展了进一步做实做强基层中医药服务网络，实施基层中医药服务能力提升工程，全面提升了中医药在治未病方面的服务能力。

二是发挥中医药非药物疗法在疾病康复阶段的优势。针对中医所具有的传统非药物疗法和独特的整体观等诊疗方式，以及在疾病康复中所具有的重要作用，国家已对中医康复可以通过精神调节、合理膳食、功法训练、针灸推拿以及药浴等多种措施改善因疾病所造成的功能障碍等独特优势，持续发挥中医药康复作用，大力加强中医康复中心、康复医院建设，进一步扩大基层医疗卫生机构康复服务供给，极大地提高了中医药康复的能力和医治水平。

第五章　符合时代要求的老年友好型社会建设

党的十八大以来，国家持续推进老年友好型社会建设，一方面不断加强适老化公共设施建设、居家环境适老化改造等硬件建设；另一方面从完善社会服务、加强人文关怀等方面不断加强软件建设。通过不懈努力，全国老年优待政策不断优化，老年宜居环境建设稳步推进，老年社会参与渠道进一步拓展，老年文体教育活动广泛开展，老年人权益保障不断加强，养老孝老敬老社会氛围更加浓厚，既为促进老年人更好地融入、参与经济社会发展提供了有力保障，也为促进聚焦老年人功能发挥的健康老龄化的实现作出了积极贡献。

第一节　孝亲敬老文化传承与创新

孝亲敬老是中华民族的传统美德，也是中华民族生生不息的文化血脉。习近平总书记强调指出，"要把弘扬孝亲敬老纳入社会主义核心价值观宣传教育，建设具有民族特色、时代特征的孝亲敬老文化"。这一重要论述，不仅深化了孝亲敬老文化的内涵与外延，而且使孝亲敬老文化的传承和创新成为新的时代命题，并成为构建和谐老龄社会的价值指引。

一、注重孝亲敬老家风家教建设

家庭在老年人生活照护、精神慰藉等方面具有不可替代的作用，发挥家庭养老的基础性作用已成为国际社会的共识。中国积极推进家风家教建设，大力培育孝亲敬老的家庭养老文化根基，努力促进孝亲敬老观念在家庭落地生根。

一是将家庭孝亲敬老倡导融入相关老龄社会政策规划。《"十三五"国家老龄事业发展和养老体系建设规划》要求把敬老养老助老纳入社会公德、职业道德、家庭美德、个人品德建设，开展宣传教育活动，推动敬老养老助老教育进学校、进家庭、进机关、进社区，强调要对家庭开展敬老养老助老家庭美德的宣传教育。《"十四五"国家老龄事业发展和养老服务体系规划》将传承弘扬家庭孝亲敬老传统美德作为营造老年友好型社会环境的首要任务，要求"巩固和增强家庭养老功能，在全社会开展人口老龄化国情教育，积极践行社会主义核心价值观，传承弘扬'百善孝为先'的中华民族传统美德"。2018 年全国老龄办、中组部等14 个部委联合印发《关于开展人口老龄化国情教育的通知》，将孝亲敬老文化教育列为五项教育内容之一，并对家庭孝亲敬老教育提出了要求，强调"重视家庭建设，教育引导人们自觉承担家庭责任，树立良好家风，实现家庭和睦、代际和顺，巩固家庭养老基础地位"。

二是在家庭建设的相关政策文件中纳入孝亲敬老的内容。2021 年，中宣部、中央文明办等联合印发的《关于进一步加强家庭家教家风建设的实施意见》，要求丰富新时代家庭家教家风建设内涵，并强调"引导家庭成员牢固树立新时代家庭观，传承尊老爱幼、男女平等、夫妻和睦、勤俭持家、邻里团结等中华民族传统美德"，充分肯定了尊老爱幼等中华民族传统美德在新时代家庭中的地位和作用。2022 年 1 月实施的《中华人民共和国家庭教育促进法》第十六条就未成年人的家庭教育内容，规定"教育未成年人崇德向善、尊老爱幼、热爱家庭、勤俭节约、团结互助、诚信有爱、遵纪守法，培养其良好社会公德、家庭美德、个人品德意识和法治意识"，将尊老爱幼作为家庭美德的一部分纳入未成年人家庭教育的内容。

二、营造孝亲敬老的社会环境

在人口老龄化的背景下，孝亲敬老不再仅仅是局限于家庭内部的伦理规范，而是被赋予了新的时代内涵，成为一种社会风尚，即成为在社会层面被广泛倡导并认可的价值观念和行为准则。

2014 年全国老龄办、中宣部等 10 部门联合印发《关于培育和践行社会主义核心价值观加强老龄宣传教育工作的通知》，将"全社会树立积极老龄观、营造尊老敬老社会氛围"作为主要目标。2021 年中共中央、国务院印发《关于加强新时代老龄工作的意见》，就构建老年友好型社会明确提出"强化社会敬老"，要求"实施中华孝亲敬老文化传承和创新工程""选树表彰孝亲敬老先进典型"。

在实践层面，各级党委政府还开展了一些颇具影响力的孝亲敬老活动，营造了敬老爱老的良好社会氛围。

一是开展"敬老月"活动。重阳节即每年农历九月初九是中国法定老年节，自 2010 年起，全国老龄工作委员会每年在"重阳节"当月开展为期一个月的"敬老月"活动，广泛组织动员政府部门、社会组织、企事业单位和家庭为老年人办实事、做好事、献爱心。十多年来，围绕每年"敬老月"活动主题，全国老龄委各成员单位和各地均组织开展了丰

守护银龄幸福

富多彩的敬老爱老助老活动。2022 年，大多数老年人在和谐社会创建中保护了自身权益，享受到了全社会孝亲敬老的关心与关爱。

二是开展"敬老文明号"创建活动。该活动是全国老龄委从 2012 年起在全国范围内开展的以为老服务为主题的社会性、群众性精神文明创建活动，活动旨在评选出在经营、管理和服务等工作岗位上，积极开展优质为老服务工作的先进集体。活动在全国、省（区、市）、市（地、州）、县（市、区）四级开展，全国各级涉老部门、为老服务组织、公共服务窗口行业均可参加评选。

三是孝亲敬老先进典型表彰活动。为了发挥先进典型和模范人物的示范引领作用，全国老龄办等部门多次开展全国范围内的孝亲敬老先进典型表彰活动。从 2003 年到 2014 年，共举办六届全国敬老爱老助老主

浙江省乐清市虹桥镇在 2022 年敬老月期间开展防范养老诈骗专题讲座

题教育活动，每一届都在全国范围内评选"中华孝亲敬老楷模""全国孝亲敬老之星""全国敬老模范单位"。2020 年，在国家卫生健康委、全国老龄办开展的全国敬老爱老助老活动评选表彰工作中，1977 人被授予全国"敬老爱老助老模范人物"称号。

第二节　不断加强老年优待工作

随着社会不断进步和精神文明建设的稳步提高，尊老、敬老、助老的理念得到了进一步贯彻落实，老年优待工作持续不断加强。目前，中国从两个层面来合力推进老年优待工作。国家层面以《中华人民共和国老年人权益保障法》、老年优待政策和其他配套措施为依据；地方层面以国家层级的法律为依托、以国家层面的优待政策为制度范式，并根据自身情况制定各地的老年优待政策。

一、老年优待政策发展历程

随着中国老龄工作机构的建立，以及老年法制建设和福利政策体系建设的推进，中国老年优待政策逐步酝酿形成。1996 年《老年人权益保障法》的颁布是中国老龄事业发展历史上的重要里程碑，第一次从法律层面明确老年人有获得优待的权益，该法第三十六条规定"地方各级人民政府根据当地条件，可以在参观、游览、乘坐公共交通工具等方面，对老年人给予优待和照顾"，第三十七条规定"农村老年人不承担义务工和劳动积累工"，第三十九条规定"老年人因其合法权益受侵害提起诉讼交纳诉讼费确有困难的，可以缓交、减交或者免交；需要获得律师帮助，但无力支付律师费用的，可以获得法律援助"。《老年人权益保障法》的颁布标志着老年优待成为老年人的法定权益，具体包括对老年人参观、游览、交通出行、诉讼给予优待以及对农村老年人参加劳动给予优待等方面的优待内容。

2005 年以后，我国老年优待政策进入了一个快速发展的阶段，政策数量明显增加，政策内容更加丰富具体。2005 年，全国老龄办等 21 个部门联合印发了第一份全国性的老年优待专项文件——《关于加强老年人优待工作的意见》，明确了老年优待的指导原则、基本要求和具体内容，提出了 20 项优待项目，涵盖养老优待、医疗保健优待、生活服务优待、文体休闲优待和维权服务优待五大领域。2012 年修订的《老年人权益保障法》开辟"社会优待"专章，对优待政策制定、实行同等优待、政务服务等提出新的要求。为了更好地贯彻落实新修订的《老年人权益保障法》，2013 年全国老龄办等 25 个部门联合印发《关于进一步加强老年人优待工作的意见》，进一步细化了法律规定的有关内容，并将老年优待项目拓展至 6 大类共 38 项。

2017 年 6 月，国务院办公厅印发《关于制定和实施老年人照顾服务项目的意见》，从中国国情出发，提出 20 项老年人照顾服务的重点项目，包括全面建立针对经济困难和失能老年人的补贴制度、支持城市公共交通为老年人提供优惠和便利、每年为 65 周岁及以上老年人免费提供包括体检在内的健康管理服务，等等，涵盖了老年人医、食、住、用、行、娱等民生的各个方面。这是经党中央、国务院同意，以国务院办公厅名义印发的文件，是新时代老年优待工作的指导性文件。

历次老年事业发展规划及综合性老龄政策也对老年优待作出了规划部署。《中国老龄事业发展"十二五"规划》，明确指出要"进一步完善老年人优待办法，提高老年人的社会福利水平"。《"十三五"国家老龄事业发展和养老体系建设规划》，确立了"到2020年，老年人优待制度普遍建立完善"的五年发展目标。《"十四五"国家老龄事业发展和养老服务体系规划》，对老年优待提出具体要求，强调"加强老年人优待工作，鼓励各地推广与当地文化风俗、经济社会发展水平相适应的敬老爱老优待服务和活动"。2021年，中共中央、国务院印发的《关于加强新时代老龄工作的意见》从优待项目、方式、公平性等方面对老年优待工作作出指导，明确提出加强老年优待工作，"鼓励有条件的地方进一步拓展优待项目、创新优待方式，在醒目位置设置老年人优待标识，推广老年人凭身份证等有效证件享受各项优待政策。有条件的地方要积极落实外埠老年人同等享受本地优待项目"，为今后一个时期老年优待工作的开展指明了方向。

二、老年优待工作取得显著进展

（一）优待项目不断拓展

2013年印发的《关于进一步加强老年人优待工作的意见》，将老年优待项目从原来的5类20项拓展至6类38项，主要包括政务服务优待、卫生保健优待、交通出行优待、商业服务优待、文体休闲优待和维权服务优待。

政务服务优待主要由政府提供，共计10项优待项目，涵盖老年社会保障和公共服务、高龄津贴、公办养老机构优先照顾特殊困难老年人、养老服务补贴和护理补贴、优先配租配售保障性住房和进行危房改造、帮助老年人及时便利地领取养老金、结算医疗费和享受其他物质帮助、优先办理房屋权属关系变更等重大事项、免除农村老年人兴办公益事业的筹劳任务、完善老年人社会参与的支持政策、对城乡生活困难家庭提供减免老年人去世的基本殡葬服务费用或提供补贴等具体方面。截至 2022 年 9 月，高龄津贴、经济困难老年人服务补贴、失能老年人护理补贴制度已实现了省级全覆盖，并分别惠及 3069.5 万、447.9 万和 78.9 万老年人，且有 70.2 万老年人享受综合补贴。[1]

卫生保健优待是为方便老年人使用医疗卫生服务而提供的，共计 6 项优待项目，涵盖 65 岁以上常住老年人健康档案和免费体检、老年医疗卫生服务设施建设、为老年人就医提供专用窗口、导医服务等方便和优先优惠服务、鼓励减免老年人普通门诊挂号费和贫困老年人诊疗费、医疗机构和养老机构之间建立业务协作机制、支持符合条件的养老机构内设医疗机构等具体内容。

交通出行优待能帮助老年人走出家门，更好地参与公共生活，共计 6 项优待项目，涵盖城市公共交通、公路、铁路、水路和航空客运，为老年人提供便利服务、交通场所和站点的适老建设、城市公共交通工具票价优惠、意外伤害保险投保优惠、公共交通工具"老幼病残孕"专座设置及列车无障碍车厢和座位配备、公共场所的无障碍设施建设等具体方面。

商业服务优待与老年人的日常生活息息相关，共计 3 项优待项目，涵盖根据老年人口规模和消费需求合理布局商业网点，餐饮、日用品、水电暖、燃气、通讯、电信、邮政等服务行业和网点为老年人提供优先、便利和优惠，金融机构为老年人提供便捷服务等具体方面。

文体休闲优待与老年人日益增长的精神文化需求相适应，共计 6 项优待项目，涵盖公共文化服务设施向老年人免费开放，为老年人提

---

1 《民政部：持续完善老年人福利已有 1420 万老年人纳入城乡低保》，光明网，https://m.gmw.cn/baijia/2022-09/08/36012372.html，2022 年 9 月 8 日。

供公益性文化体育服务，公共文化体育场所为老年人健身活动提供方便和优惠，经营性文体单位提供老年优待，公园、旅游景点对老年人实行门票减免，老年活动场所、老年教育资源对城乡老年人公平开放等具体方面。

维权服务优待使老年人的合法权益得到更好的维护和保障，共计6项优待项目，涵盖各级人民法院受理老年侵权案件，司法机关创新服务方式，老年法律援助，司法救助，法律服务机构为经济困难老年人给予费用减免等具体方面。

2017年6月，国务院办公厅出台《关于制定和实施老年人照顾服务项目的意见》，老年优待项目向老年照顾服务项目延伸，涉及20个方面。一是全面建立针对经济困难高龄、失能老年人的补贴制度；二是发展居家养老服务；三是除极少数超大城市需按政策落户外，80周岁及以上老年人可自愿随子女迁移户口；四是推进老年宜居社区、老年友好城市建设；五是深化敬老月活动，各级党委和政府坚持每年组织开展走访慰问困难老年人活动；六是农村老年人不承担兴办公益事业的筹劳义务；七是贫困老年人因合法权益受到侵害提起诉讼的，依法依规给予其法律援助和司法救助；八是进一步推动扩大法律援助覆盖面，降低法律援助门槛；九是支持城市公共交通为老年人提供优惠和便利，鼓励公路、铁路、民航等公共交通工具为老年人提供便利服务；十是有条件的公共交通场所、站点和公共交通工具的建设和服务要综合考虑老、幼、病、残、孕等重点旅客出行需求；十一是鼓励通过基本公共卫生服务项目，每年为65周岁及以上老年人免费提供包括体检在内的健康管理服务；十二是对符合条件的低收入家庭老年人参加城乡居民基本医疗保险所需个人缴费部分，由政府给予适当补贴；十三是加大推进医养结合力度，鼓励医

守护银龄幸福

疗卫生机构与养老服务融合发展；十四是积极开展长期护理保险试点，探索建立长期护理保险制度；十五是加快推进基本医疗保险异地就医结算工作；十六是鼓励相关职业院校和培训机构每年面向老年人及其亲属开设老年人护理、保健课程或开展专项技能培训；十七是鼓励制定家庭养老支持政策，倡导制定老年人参与社会发展支持政策；十八是多渠道发展老年教育；十九是老年教育资源向老年人公平有序开放；二十是支持老年人开展文体娱乐、精神慰藉、互帮互助等活动。

（二）优待范围不断扩大

为了使老年优待惠及更多老年人，老年优待工作不断扩大优待范围，主要表现在以下三个方面：

首先，根据经济社会发展状况下调老年优待项目适用年龄。老年优待的基本对象为 60 周岁以上老年人，但有些项目对年龄有更高的要求。在政策调整中，下调了一些优待项目的年龄门槛，将大量中低龄老年人也纳入了这些优待项目的范围。例如，免费体检以前只有百岁老人才能享受，但现在 65 周岁以上老年人都能享受。各地在实施老年优待的过程中，也普遍结合老年人的现实需要以及当地的优待提供能力，逐步下调部分优待项目的适用年龄。

其次，将优待对象从户籍老年人扩展至户籍和非户籍常住老年人。在城市化快速发展和人口流动频繁的背景下，越来越多的老年人离开家乡到子女工作居住地生活，为了使这些老年人在常住地也能享受优待，国家层面现行优待政策明确要求各地结合实际合理确定优待对象和优待标准，率先在卫生保健、交通出行、商业服务、文体休闲等方面，对常住本行政区域内的老年人给予同等优待，并根据当地实际情况，逐步拓展同等优待范围。各地积极贯彻落实此项政策要求，2012 年北京市老年优待对象为 65 岁及以上户籍老年人，2015 年扩大到 60 岁及以上常住老年人口。从 2021 年起，山东省取消老年优待的身份限制，不论国籍、地域，只要年满 60 周岁，均可享受当地老年优待。

第三，农村老年人的优待需求受到关注。为了缩小老年优待的城乡差距，使更多农村老年人也能享受到老年优待，国家层面现行政策对农村老年人享受优待给予了特别的关注。根据农村老年人的实际生活状况，要求免除农村老年人公益事业的筹劳任务，经农村集体经济组织全体成员同意，农村老年人可将未承包的集体所有的部分土地、山林、水面、滩涂等作为养老基地。为了更好满足农村老年人的精神文化需求，特别强调关注农村老年人文化体育需求，适当安排面向农村老年人的专题专场公益性文化体育服务；老年活动场所、老年教育资源要对城乡老年人公平开放。

（三）优待水平不断提升

党的十八大以来国家不断提升老年优待水平，使老年人能够共享经济社会发展的成果。具体来讲，主要表现在以下两个方面：

一是给予老年人的优惠力度持续加大。国家在以往提出城市公共交通应为老年人提供票价优惠的基础上，进一步提出对 65 周岁以上老年人实行免费，并鼓励有条件的地方逐步覆盖全体老年人。

二是给予老年人的津贴或补贴标准不断提高。各地普遍根据当地的财政能力设定自己的高龄津贴、经济困难老年人养老服务补贴和失能老年人护理补贴发放标准，并随经济社会的发展、居民生活水平的提高，逐步提高发放标准。以北京市为例，90—99 周岁和 100 周岁及以上老年人享受的高龄津贴标准已分别从 2013 年的每月 100 元和 200 元提高至 2019 年的每月 500 元和 800 元，提高的幅度较大。

（四）优待身份认证更加便捷

为了使老年人能够更加便捷地享受优待服务，国家不断简化老年优待证件办理程序，逐步优化老年人享受优待的身份认证方式。在一些省市先行探索用身份证代替老年优待证的基础上，《中共中央、国务院关于加强新时代老龄工作的意见》进一步提出"推广老年人凭身份证等有效证件享受各项优待政策"的要求，据此要求，越来越多的省市取消了老年优待证的办理，使用身份证的老年优待身份认证方式进一步推广。从 2019 年开始，贵州省开始推行老年人凭身份证享受相关优待政策，重庆市于 2000 年开始推行，而湖南省和河南省则于 2022 年相继加入此行列。

第三节　努力打造老年宜居环境

建设老年宜居环境，是提升老年居民生活质量的重要保证，是推动老龄事业跃升发展的创新抓手。近年来，老年宜居环境建设成为国家老龄政策的重要关注点。自 2012 年"宜居环境"被作为专章写入新修订的《老年人权益保障法》后，关于老年宜居环境建设的各项指导性文件陆续出台，老年宜居环境建设在实践层面快速推进，老年人的生活环境及保障其生活独立、功能维持和社会参与、社会融入的功能日益增强。

一、老年宜居环境建设的理念和政策

（一）基本理念

老年宜居环境建设起源于世界卫生组织提出的老年友好型城市建设理念，其核心理念是以人为中心。老年宜居环境建设要以人的需求和根本利益为出发点和归宿点，体现出对人的尊重、理解和关怀，重点关注与老年人居住、生活、发展等密切相关的要素。建设老年宜居环境旨在打造适宜包括老年人在内的各年龄人群居住和生活的总体环境，清除老年人日常生活和参与社会发展面临的各种环境障碍，促进老年人身心健康，提高老年人的生活质量。在老年宜居环境建设中，积极聚焦老年人对居住生活环境的特殊需求，不断加强支持性硬件环境建设，提高环境的包容性，尽最大可能满足老年人的物质需求和精神文化需求，提升老年人的居住满意度和幸福感。

随着人口老龄化的发展，老年人日常生活和社会参与面临的环境障碍越来越明显，居住生活环境建设现状与人口老龄化发展形势不相适应的矛盾日益突出。在此背景下，国家不断完善老年宜居环境建设相关政策，指导老年宜居环境建设实践的开展。

（二）政策保障

2016 年 10 月，全国老龄办、国家发展改革委等 25 个部委联合印发《关于推进老年宜居环境建设的指导意见》（以下简称《意见》），这是国家发布的第一个专门针对老年宜居环境建设的指导性文件。《意见》提出"老年宜居环境建设"新理念，要求在经济社会发展中，综合考虑人口老龄化的影响，将老年宜居环境建设纳入国民经济和社会发展规划、城乡规划及相关专项规划。

《意见》提出了老年宜居环境建设的总体目标：到 2025 年，安全、便利、舒适的老年宜居环境体系基本建立，"住、行、医、养"等环境更加优化，敬老养老助老社会风尚更加浓厚。从理念树立、支持性环境、包容性环境、建设工作推进等方面，提出四个具体的分项目标。《意见》还从适老居住环境、适老出行环境、适老健康支持环境、适老生活服务环境、敬老社会文化环境等五大方面明确了老年宜居环境建设的重点任务，并提出 17 项具体内容，聚焦居住生活环境这个核心，着力解决老年人生活中面临的突出困难和障碍。

2019 年，中共中央、国务院印发《国家积极应对人口老龄化中长期规划》，规划明确提出我国应对人口老龄化的近期和远期目标，社会环境宜居友好是积极应对人口老龄化的一系列战略目标之一。2021 年，《中共中央、国务院关于加强新时代老龄工作的意见》将打造老年宜居环境作为老年友好型社会建设的重要内容，从无障碍环境建设和适老化改造、缩小数字鸿沟、提升老年人数字素养等方面提出具体要求。

二、老年宜居环境建设的实践发展

（一）"老年宜居社区"和"老年友好型城市"建设试点

2006 年，世界卫生组织提出"老年友好型城市"理念后，许多国家积极响应，开始了建设老年友好型城市环境的实践探索。中国也开展了一些卓有成效的实践活动。2009 年，全国老龄办开展了"老年宜居社区"和"老年友好型城市"建设试点工作，选取了经济比较发达、老龄工作基础较好的东部沿海和东北老工业基地 6 个省份的 9 个城市或城区进行试点。第一批成为老年宜居社区试点的城区是上海市黄浦区、江苏省南京市玄武区和黑龙江省齐齐哈尔市建华区；第一批成为老年友好城市（城区）试点的城市（城区）是山东省青岛市、上海市杨浦区、上海市长宁区、黑龙江省齐齐哈尔市、浙江省湖州市和辽宁省营口市鲅鱼圈区。2010年，上海市浦东新区、南京市鼓楼区和苏州市金阊区经批准加入试点行列。2011年，山东省新泰市也被纳入试点，国家级试点单位数量进一步增加。

在国家级试点工作开展的同时，一些省市还根据本地的实际情况，选取了部分社区或城市作为省级试点单位。试点工作的开展，有力地调动了各地参与建设的积极性，试点城市（城区）在老年友好型环境建设方面的探索在全国范围内形成了良好的示范效应，形成的经验在很多地方得到推广应用。

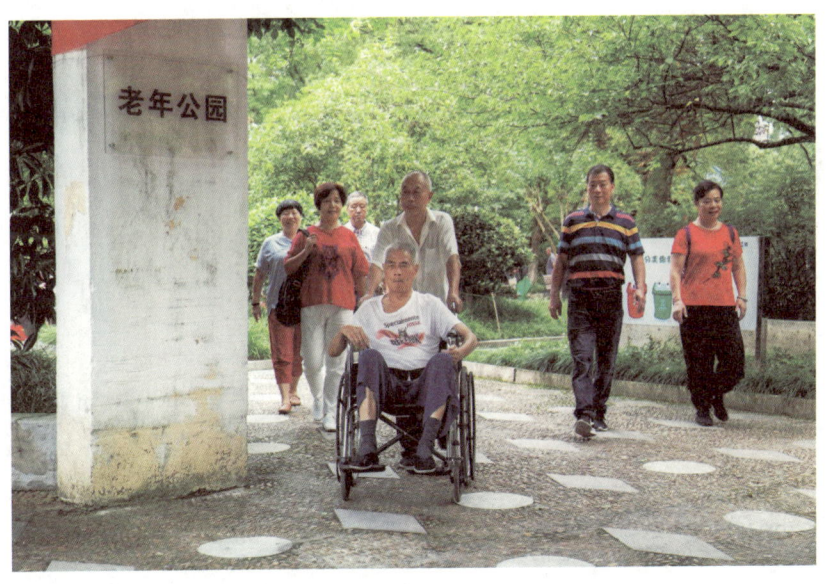

浙江省丽水市积极推进老年活动场所建设，打造"老年公园"

（二）居家和公共环境适老化改造

城镇老旧小区建成年代较早，普遍存在失养失修失管、市政配套设施不完善、社区服务设施不健全等方面的问题，不仅给老年人的生活、出行造成不便，还带来很多安全隐患，老年人居家养老面临一些困难。为此，近年来国家持续开展城镇老旧小区改造。2019—2021年，全国开工改造城镇老旧小区11.5万个，惠及居民2000多万户，加装电梯5.1万部，增设养老、助餐等各类社区服务设施3万多个。截至2021年底，全国城市社区综合服务设施实现全覆盖，农村社区综合服务设施覆盖率达79.5%，旨面向老年人、儿童等群体开展各类服务。[2]

居家环境的适老化水平在一定程度上影响着老年人独立生活的能力，适老的居家环境能够在很多方面为老年人独立生活提供支持。特别贫困、高龄、失能等特殊困难老年人对家庭适老化改造的需求更为迫切。"十三五"期间，全国完成16.4万户特殊困难老年人家庭适老化改造，2016—2020年，全国为近20万名贫困重度残疾老年人进行了家庭无障碍改造。[3]"十四五"期间，还将对200万户特殊困难老年人家庭实施基础项目改造和老年用品配置。

（三）帮助老年人适应和融入智慧社会

时代的发展不断赋予老年宜居环境建设以新的时代内涵，在信息化、数字化渗透到各行各业以及生活方方面面的时代背景下，增强信息社会、

---

2 马晓伟，《国务院关于加强和推进老龄工作进展情况的报告——2022年8月30日在第十三届全国人民代表大会常务委员会第三十六次会议上》，全国人大网，http://www.npc.gov.cn/npc/c30834/202208/889a7e67a7794176b3a718f972447cac.shtml，2022年8月31日。

3 同上。

数字社会对老年人的包容性成为公共环境适老化改造的重要内容。

为了方便老年人办理各项事务，国家依托全国一体化政务服务平台建设老年人办事服务专区，推进政务服务线上线下融合发展，为老年人提供更加便利高效的办事服务。设置公安户籍、交管、出入境老年人办证窗口，优化升级"互联网＋公安政务服务"，全面提升老年人公安服务管理水平。开展拒收现金公示行动，营造"适老"支付环境。[4]10余项适老化标准规范相继出台，375家老年人常用的网站、APP均推出适老助老功能，基础电信企业"老年人一键呼入人工客服"服务超1亿人次。[5]

2020年11月，国务院办公厅印发《关于解决老年人运用智能技术困难的实施方案》，要求聚焦老年人日常生活涉及的高频事项，坚持传统服务与智能创新相结合，有效解决老年人在运用智能技术方面的困难，让广大老年人更好地适应并融入智慧社会。此外，还明确提出到2022年底前，老年人享受智能化服务水平显著提升、便捷性不断提高，线上线下服务更加高效协调，解决老年人面临的"数字鸿沟"问题的长效机制的目标基本建立。

2020年，全国老龄办启动了"智慧助老"行动，其内容包括建立健全"智慧助老"的常态化工作机制、广泛动员各方力量为老年人提供志愿培训服务、充分发挥老年大学在智能技术培训中的重要作用、引导老年人正确认识网络信息和智能技术、加强智能技术运用和防骗知识的科普宣传、提倡家庭成员帮助老年人运用智能技术、大力开展智能产品社会募捐活动等七大方面。2022年"智慧助老"行动的工作重点聚焦疫情

---

4 同上。

5 《经济日报：让老年人共享便利数字生活》，https://m.thepaper.cn/baijiahao_18223581，2022年5月23日。

防控中老年人的实际需求，推动解决老年人在疫情防控中遇到的实际困难，以及继续深入开展"智慧助老"公益行动。

（四）全国示范性老年友好型社区创建

为推进老年友好社会建设，国家卫生健康委（全国老龄办）于2020年启动全国示范性老年友好型社区创建工作，主要任务包括改善老年人的居住环境、方便老年人的日常出行、提升为老年人服务的质量、扩大老年人的社会参与、丰富老年人的精神文化生活、提高为老服务的科技化水平六大方面。

创建工作分为四个阶段：第一阶段为示范创建阶段（2020—2022年），

2021年，浙江省乐清市虹桥镇建强村被国家卫生健康委员会、全国老龄办命名为"全国示范性老年友好型社区"

2020 年为创建工作启动年，2021 年和 2022 年已在全国范围内命名 1991 个示范性老年友好型社区。第二阶段为示范推进阶段（2023—2025），计划再创建 3000 个示范性城乡老年友好型社区。第三阶段为总结深化阶段（2026—2030 年），这个阶段将认真总结创建工作的经验和模式，扩大创建范围，开展中期评估，到 2030 年底，使老年友好型社区在全国城乡社区的覆盖率达到 50% 以上。第四阶段为全面评估阶段（2031—2035 年），将对创建经验和工作机制进行推广，评估创建效果，加强分类指导，进一步扩大城乡老年友好型社区创建的覆盖面，并于 2035 年底实现全国基本全覆盖的目标。

社区是老年人生活的场所，也是老年宜居环境建设的基本单元。为了指导各地规范开展城乡老年友好型社区创建工作，国家卫健委专门制定了全国示范性城乡老年友好型社区标准（试行）和《全国示范性老年友好型社区评分细则（试行）》，使各地在创建和评估验收时有章可循。

第四节　积极推动老年人参与社会发展

在国际上，鼓励老年人参与社会发展，持续发挥老年人在经济社会发展中的作用，是世界各国积极应对人口老龄化的普遍共识；在中国，社会参与是老年人的一项法定权益。老年人参与社会发展既有利于自身的身心健康，也有利于国家的经济和社会发展。为老年人参与社会发展提供便利、创造条件，促进老年人更充分地参与社会、融入社会，是构建老年友好型社会的题中应有之义。

一、参与群体逐渐扩大

新中国成立以来，特别是改革开放以后，国家对老年人参与社会发展日益重视，参与社会发展的老年群体不断壮大，老年社会参与逐步走向大众参与，社会参与也从少数老年人才享有的机会转变为所有老年人均等享有的社会权利。

改革开放后，国家进行干部制度改革，逐步废除原来的领导职务终身制，并从制度上鼓励离退休干部继续发挥作用。这个时期，从领导职务上退下来的政治精英是老年社会参与的主体。随着离退休专业技术人员数量的增加，出于国家建设的需要，参与社会发展的老年群体由离退休老干部逐步扩展至专业技术人员。1986 年，我国印发了《关于发挥离休退休专业技术人员作用的暂行规定》，强调支持和帮助离休、退休专业技术人员继续发挥作用，还对如何为其继续发挥作用创造条件作出了许多具体规定。如离退休专业技术人员应聘从事专业技术活动可以取得报酬、可以借阅原单位的图书资料以及按照规定使用原单位的设备、器材、技术资料等、在外单位受聘期间如发生工伤事故应由聘用单位妥善处理等，以保障继续发挥作用的离退休专业技术人员的合理待遇，为他们提供一些便利，解除后顾之忧。1990 年，《中央组织部关于进一步加强老干部工作的通知》强调"有组织有领导地发挥老干部作用"，并对如何继续发挥离退休专业技术人员的作用作出了规划安排。根据这份文件的要求，中国老教授协会、中国老科技工作者协会、中国关心下一代协会和中国老年保健协会相继成立，这些组织的成立进一步加强了对离退休干部、专业技术人员继续发挥作用的组织引导。

随着全球性人口老龄化趋势的出现，人口老龄化成为广受国际社会关注的议题，我国不断完善相关制度安排，老年社会参与面向的对象进一步扩展至全体老年人。1991年，联合国大会通过《联合国老年人原则》，"参与"被确立为五大基本原则之一。2002年，世界卫生组织出版《积极老龄化政策框架》，参与和健康、保障共同构成积极老龄化政策框架的三个支柱。在这些新理念的引领下，社会参与越来越多地出现在中国的老龄政策文本中，并逐步面向更加广泛的老年大众。1996年，《老年人权益保障法》正式颁布，参与社会发展成为全体老年人的一项法定权益。为了适应老年人权益保障不断出现的新情况，《老年人权益保障法》历经数次修正，但社会参与作为全体老年人的法定权益一直延续至今，并不断被赋予新的时代内涵。

实际上，早在1984年中国首次召开全国老龄工作会议之际，老有所为就作为"五个老有"工作目标之一被确立下来。时至今日，"老有所为"基本被等同于老年社会参与，且依然是国家老龄工作确立的长期目标之一。在2021年印发的《中共中央、国务院关于加强新时代老龄工作的意见》中，老有所为的重要性被着重强调，《意见》指出"把老有所为同老有所养结合起来"。

二、参与内容日益广泛

老年社会参与的内容与参与主体一样，也经历了一个逐步扩展的过程。从离退休老干部参与为主，到离退休专业技术人员参与，再到全体老年人参与，老年社会参与的内容也从思想政治建设相关活动扩展至科技、文教、卫生等专业技术活动，并最终扩展至政治、经济、社会、文化等各个领域。

1996年颁布的《老年人权益保障法》，不仅赋予所有老年人均等化的社会参与权利，也首次明确了老年人参与社会发展的八个领域：第一，对青少年和儿童进行社会主义、爱国主义、集体主义教育和艰苦奋斗等优良传统教育；第二，传授文化和科技知识；第三，提供咨询服务；第四，依法参与科技开发和应用；第五，依法从事经营和生产活动；第六，兴办社会公益事业；第七，参与维护社会治安、协助调解民间纠纷；第八，参与其他社会活动。2018年最新修正后的《老年人权益保障法》第六十六条规定，"国家和社会应当重视、珍惜老年人的知识、技能、经验和优良品德，发挥老年人的专长和作用，保障老年人参与经济、政治、文化和社会生活"。可见，随着经济社会发展特别是社会文明程度的进步，老年社会参与的内容日益全面，已涵盖了经济社会生活的各个领域。

进入新世纪，国家每五年制定一部老龄事业发展规划，并以此作为五年间老龄事业的发展纲领，历次五年规划都对老年社会参与作出了规划部署。《"十四五"国家老龄事业发展和养老服务体系规划》从多个方面对促进老年人社会参与作出安排，规划明确老年人社会参与的内容涵盖家庭、社区和社会发展三个层面，具体包括文明实践、公益慈善、志愿服务、科教文卫、调查研究、咨询建言、依托老年社会组织自我服务、自我管理、自我教育等。规划为老年人参与社会发展进一步指明了方向，明确了老年社会参与的内容并不局限于广义的社会领域活动，老年人在家庭和社区参与相关活动同样属于社会参与；老年社会参与的内容也并不局限于为他人、为社会作贡献，老年人的自我服务、自我管理和自我教育也是社会参与的一部分。

三、老年人社会参与的主要形式

（一）劳动就业

劳动就业是老年人社会参与的一种重要形式，老年人继续工作，既是社会的需要，也是老年人增加经济收入、实现自我价值的需要。老年人继续就业的途径主要包括被原单位返聘、通过亲属朋友的推荐介绍获得工作、通过就业市场主动寻找适合自己的工作等。

近年来，全国老年人特别是女性老年人在劳动就业中参与积极。2020 年，全国就业人员中 60-64 岁就业人员占 4.6%，65 岁及以上就业人员占 6.7%（如图 5-1 所示）。与 2010 年相比，2020 年全国就业人员中 60-64 岁、65 岁及以上就业人员所占比例均有明显上升，且 65 岁及以上就业人员所占比例上升幅度更大，增加了 3.2 个百分点。与男性相比，十年间女性就业人员中 60-64 岁、65 岁及以上就业人员所占比例均有更大幅度的上升。

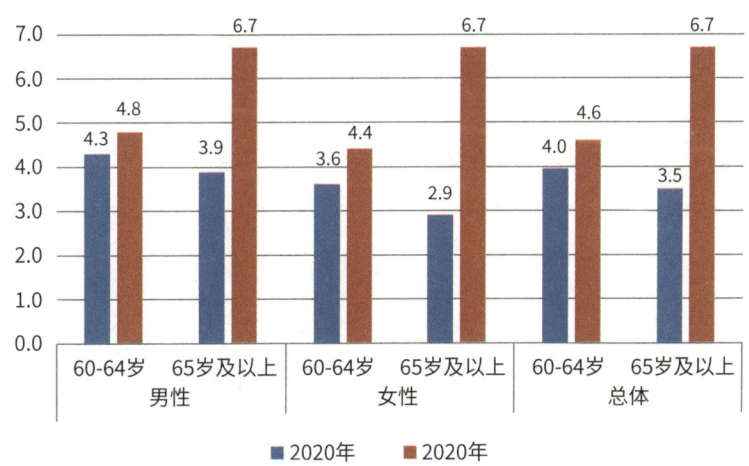

图 5-1 2010 年和 2020 年我国分性别就业人员中老年人比例（%）

数据来源：《中国人口和就业统计年鉴—2011》、《中国人口和就业统计年鉴—2021》

从就业身份来看，全国老年就业人员以灵活就业为主，65 岁及以上就业者尤其如此。2020 年，60-64 岁老年就业人员中，由自营劳动者和家庭帮工构成的灵活就业者占比接近七成（67.7%），雇员占 31.1%，雇主仅占 1.2%；65 岁及以上就业人员中，灵活就业者超过了八成（82.1%）（如图 5-2 所示）。与男性相比，女性更多选择灵活就业的就业方式。

图 5-2 2020 年我国分年龄、分性别老年就业人员身份构成（%）

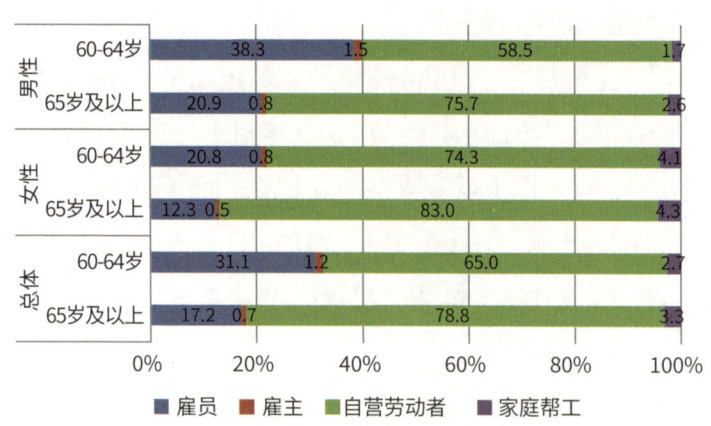

数据来源：《中国人口和就业统计年鉴——2021》

农业、制造业等传统行业为老年人提供了较多的就业机会。2020 年，城镇老年就业人员主要分布的行业为农、林、牧、渔业，批发和零售业，制造业，建筑业，居民服务、修理和其他服务业。城镇 60-64 岁就业人员中从事农、林、牧、渔业的占比超过三分之一（35.9%），65 岁及以上就业人员中的比例更高，达到 57.4%（如图 5-3 所示）。

在目前的退休制度下，一部分有继续就业意愿的老年人不得不退出劳动就业领域。《中华人民共和国国民经济和社会发展第十四个五年规划和 2035 年远景目标纲要》提出，"按照小步调整、弹性实施、分类推

图 5-3 2020 年中国城镇老年就业人员行业分布（%）

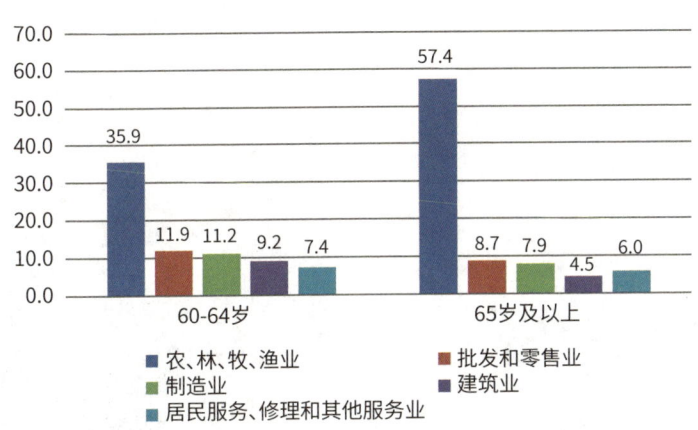

数据来源：《中国人口和就业统计年鉴——2021》

进、统筹兼顾等原则，逐步延迟法定退休年龄"，《中共中央国务院关于加强新时代老龄工作的意见》也提出在一些行业探索适合老年人灵活就业的模式、建立老年人才信息库、为老年人提供就业创业服务等规定。随着延迟退休制度的逐步实施，以及就业相关配套措施的完善，老年人继续就业会更加便利，参与劳动就业的老年人规模也有望继续扩大。

（二）志愿服务

志愿服务是中国老年人广泛参与的一种活动，相比劳动就业，志愿服务因其时间、方式灵活，参与门槛较低的特点而更受老年人的青睐。无论是在城市社区，还是在偏远山村，亦或是大型赛事活动中，都活跃着老年志愿者的身影。城乡社区是我国老年人参与志愿服务的主阵地，老年人积极参与帮助邻里、协助调解邻里纠纷和关心教育下一代等志愿活动。无论城乡，老年人都已成为基层社会治理的一支重要力量。

"银龄行动"是目前启动时间较长、参与者和受益者均较广的全国

2010 年，上海市南码头社区老年志愿者热心服务世博，她们的口号是"迎世博，我们都是快乐志愿者"

性的老年志愿活动，也是有组织的老年志愿服务活动的典型代表。"银龄行动"始于 2003 年，当时全国老龄委倡导并组织以东部地区为主的全国大中城市离退休老年知识分子以各种形式向西部地区开展智力援助行动，并将上海、新疆、辽宁、青海和甘肃 5 个省（自治区、直辖市）确立为试点单位。经过二十年的发展，"银龄行动"已从试点省扩展至全国 31 个省（自治区、直辖市），活动内容也由医疗卫生专项援助扩展为文化、教育、农业、医疗、扶贫等各个领域的多方位援助，活动重点从"输血式"帮扶转变为"造血式"传、帮、带、教，成为老年知识分子服务社会、实现自身价值的重要平台，为广大老年知识分子参与志愿服务活动创造了条件。上海作为最早参加"银龄行动"并与新疆建立省际对口支援关系的直辖市，截至 2021 年 4 月，已成功开展沪疆"银龄行动"志愿服务项目 17 期，共组织了 392 年老年志愿者赴新疆开展志愿服务。[6]"银龄行动"影响广泛、经济社会效益明显，自启动以来，志愿者总共达 700 万人次，开展援助项目 4000 多个，受益群众 4 亿多人次。[7]

2018 年，教育部、财政部联合推出"银龄讲学计划"，[8]面向社会公开招募一批优秀退休校长、教研员、特级教师、高级教师等到农村义务教育学校讲学，旨在发挥优秀退休教师引领示范作用，为农村学校提供智力支持，帮助提升农村学校教学水平和育人管理能力，缓解农村学校优秀师资总量不足和结构不合理等矛盾，促进城乡义务教育均衡发展。启动之初，从 2018 至 2020 年招募 10000 名讲学教师，原则上要求教师年龄在 65 岁及以下，且具有中级及以上职称，并以高级教师为主。随着计划的实施和推进，一些省份陆续加入，2018 至 2021 年间，共有 18 个省份及新疆生产建设兵团实施了该计划，共招募到 15000 余名退休讲学教师。[9]2022 年，计划再招募 5000 名义务教育阶段讲学教师。"银龄讲学计划"充分调动了退休教师参与教育公益事业的积极性，既有效利用了退休教师的资源优势，为退休教师继续发光发热提供了平台，也在一定程度上充实了农村教师队伍，提升了农村教育质量，为农村教育事业的发展乃至乡村振兴提供了助力。

---

6 《2021 年沪疆"银龄行动"志愿者招募启动，至今已有 392 名老年志愿者赴疆》，
　https://export.shobserver.com/baijiahao/html/356486.html，2021 年 4 月 7 日。

7 焦点访谈：银发志愿者在行动，http://tv.cctv.com/2022/09/25/
　VIDEeQCurUvGEugFU7PNg9zd220925.shtml，央视网，2022 年 9 月 25 日。

8 《教育部 财政部关于印发〈银龄讲学计划实施方案〉的通知》，http://www.moe.gov.
　cn/srcsite/ A10/s7151/201807/t20180719_343448.html，2018 年 7 月 13 日。

9 李廷洲，《发挥"银龄教师"优势振兴乡村教育》，《中国教育报》2022 年 7 月 15 日。

北京市为支援内蒙古的银龄行动志愿者队伍举办欢送仪式

银龄行动

2022 年是"银龄行动"开展的第二十个年头，7 月份，中国老龄协会组织开展了全国老年志愿服务暨"银龄行动"20 周年乡村振兴行活动，该活动组建了一支集心血管、重症医学等医学科室，以及农村经济、乡村振兴、社工建设等学科的老年专家志愿者近 20 名，通过大型义诊、科普讲座、门急诊看病、查房、病例分析、手术示教、下乡考察等方式在福建省龙岩市的长汀和连城两县进行为期十天的志愿公益服务。[10]

---

10 《银龄行动志愿者 感受"被需要的幸福"》，https://baijiahao.baidu.com/s?id=17400895 59356638049&wfr=spider&for=pc，2022 年 8 月 3 日。

第五节　广泛开展老年文体教育活动

随着物质生活条件的改善，老年人的精神文化需求日益凸显。开展老年文体教育活动，是丰富老年人精神文化生活、改善老年人身心健康和精神风貌、提升老年人生活质量的重要途径。近年来，国家高度重视老年人对精神文化生活的需求，老年文体教育活动设施不断增加，老年文体教育活动广泛开展，老年文体教育事业呈现出快速发展的态势。

一、老年文化活动广泛开展

（一）老年公共文化服务供给不断增加

《老年人权益保障法》、中国老龄事业"十二五""十三五""十四五"规划、《国家积极应对人口老龄化中长期规划》《中共中央国务院关于加强新时代老龄工作的意见》等法规政策都对发展老年文化服务提出了要求。作为老年文化方面的专门性政策，2012 年全国老龄办等 16 部门联合印发的《关于进一步加强老年文化建设的意见》在明确老年文化建设的指导思想、目标任务的基础上，对如何开展老年文化建设作出了全面部署。在人口老龄化程度不断加深的背景下，关于文化发展的综合性法规政策也对老年人的文化需求给予了更多的关注。2018 年，中共中央办公厅、国务院办公厅印发《关于加快构建现代公共文化服务体系的意见》，要求将老年人、未成年人等群体作为公共文化服务的重点对象；2021 年，文化和旅游部、国家发展改革委、财政部第 3 部委联合印发《关于推动公共文化服务高质量发展的意见》，明确提出"提供更多适合老年人的文化产品和服务，让老年人享有更优质的晚年文化生活"。这些政策文件的发布，为老年公共文化服务的发展提供了方向指引和制度保障。

为了保障老年人的文化权益，我国根据老年人的特点和需求，不断完善老年公共文化服务，努力推进城乡老年公共文化服务均等化，以便城乡老年人都能获得方便、可及的公共文化服务。2020年，全国有公共图书馆3212个、文化馆（站）43687个、博物馆5452个，[11] 为了更好地服务老年人，这些公共文化机构中的绝大部分都向老年人免费或者优惠开放，且不断提高服务适老化水平。截至2021年10月，全国公共图书馆、文化馆（站）已有为老服务活动用房143112间；为了满足老年人对于文化特色课程的学习需求，全国文化馆（站）办老年大学4321所，在校人数828338人；公共图书馆、博物馆等其他公共文化机构办老年大学1370所，在校人数166936人。[12] 为了丰富老年人的文化生活，各地还建设了一批老年活动中心，其中既有建设规格较高、设施较为完备的省市级大型老年活动中心，也有靠近老年人居住场所，方便其就近就便参加文化活动的社区小型老年活动中心。无论规模大小，这些老年活动中心基本都根据老年人参加较多的文化活动项目设置了专门的活动场地，如书画室、舞蹈室等，并配备了必要的设备，能够较好地满足老年人参加文化活动的需要。

（二）群众性老年文化活动丰富多彩

随着物质生活条件的改善，老年人的精神文化需求不断增长，参加文化活动的热情日益高涨。在政府相关部门的组织和引导，以及老年人的积极参与下，全国已形成一些颇具影响力的老年群众性文化活动品牌。

---

11 国家统计局编，《2021中国统计年鉴》，中国统计出版社2021年版，第758页。

12 《文化为老 让"享老"生活更美好——文化和旅游部扎实推进老年文化工作》，《中国文化报》2021年10月14日。

中国老年合唱节由文化和旅游部于 1999 年创办，至今已成功举办二十一届，经过二十余年的发展，该活动已成为老年合唱爱好者切磋技艺、以歌会友的重要平台，充分展示出老年人热爱生活、积极向上的精神风貌。群星奖是文化和旅游部设立的群众文化艺术领域政府最高奖，由于专门设立了老年参赛组别，奖项评选活动吸引了大量老年人参加。全国老龄办等部委连续多年成功举办"红叶风采"重阳节文艺晚会，各地老年文艺团体踊跃参加，带来很多高质量的文艺作品。全国老龄办主办的中国老年艺术节也成功举办数届，活动参与人数多，覆盖内容广，涉及合唱、舞蹈、服饰表演、综艺、书画、摄影、戏剧和广场舞等多个方面，成为全国老年文化活动爱好者的盛会，获得老年人的广泛认可。除了这些全国性的文化活动，各地还广泛开展了大量具有地方文化特色的区域性、地方性老年文化活动，为老年人提供了更多地参与文化活动的渠道。

在社区层面，老年群众性文化活动亦呈蓬勃发展态势。老年人对于文化活动的兴趣爱好多元化，每个社区都活跃着多支老年人自发建立的文化团体或组织，如合唱团、广场舞队、书画社等。依托这些团体，老年人有组织地参与各类文化活动。城乡社区老年协会是老年人自我管理、自我教育、自我服务的基层老年群众组织，开展丰富多彩的文化活动是其主要活动内容之一，由于活动的内容和形式都很契合当地老年人的需求，因此能够极大地调动老年人参与的积极性。

二、老年体育蓬勃发展

（一）老年日常健身蔚然成风

科学运动是维持和改善老年人身体机能的重要手段，随着健康教育的开展，老年人的健康素养日趋提高，越来越多的老年人认识到体育运动的重要性，并积极参加日常健身活动。持续推进的公共体育活动场所和设施建设，在满足老年人日常健身需求方面发挥了重要作用。

《2020年全民健身活动状况调查公报》[13]显示（如图5-4所示），老年人中每周至少参加一次强度达到中等及以上的体育锻炼人数的比例为48.0%，经常参加体育锻炼即每周至少参加三次强度达到中等及以上，且每次锻炼至少持续30分钟的人数比例为26.1%。随着年龄的增长，参加体育锻炼的老年人比例有所下降，但80岁及以上老年人中，仍有14.7%的老年人经常参加体育锻炼。老年人参加的运动项目较为多元，参与率最高的运动项目为健步走，参加人数超过四成（41.6%），其他依次为跑步（14.7%）、广场舞（8.0%）、骑自行车（3.8%）和羽毛球（3.1%）。

图5-4 2020年份年龄老年人参加体育锻炼的比例（%）

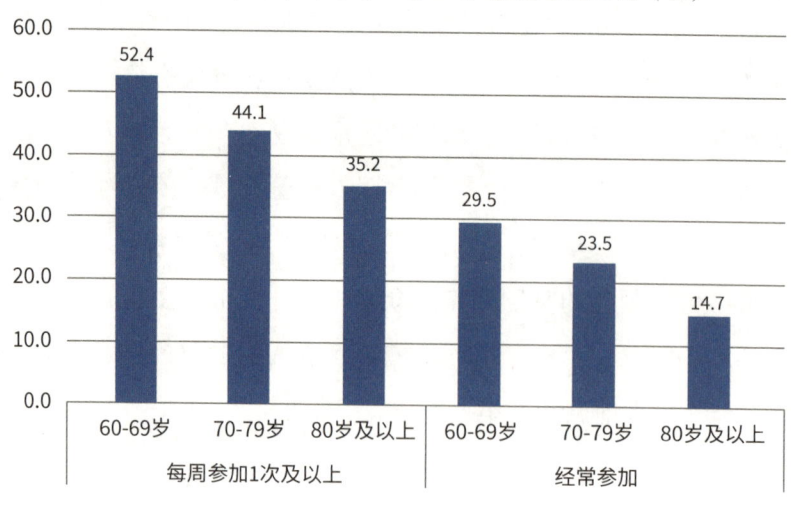

数据来源：《2020年全民健身活动状况调查公报》

---

13 《国家国民体质监测中心发布〈2020年全民健身活动状况调查公报〉》，https://www.sport.gov.cn/n315/n329/c24335053/content.html，2021年12月30日。

健步走对场地要求较低，不需要设施设备就能进行，运动强度适中，因此成为最受老年人欢迎的运动项目。老年人参加运动健身活动主要选择公共体育场馆、广场空地、健身路径、社区体育场地或空地、公园等场所。同时，一些老年人以个体化形式开展日常健身活动，也有一部分老年人倾向于通过参加朋友成立的健身组织或社区健身团队开展集体性健身活动。

（二）老年体育赛事精彩纷呈

老年体育赛事的举办，能够为那些在体育上有一技之长的老年人提供交流体育技艺、展示健身成果的平台，并进一步激发老年人参与体育活动的热情。为此，国家体育总局、全国老龄工作委员会办公室、中国

浙江省乐清市虹桥镇老年体育协会飞镖队参加"全民健身迎亚运 展老年体育风采"2022年浙江省老年人飞镖交流活动

老年人体育协会每四年举办一届全国老年人体育健身大会，自 2009 年至今已成功举办了四届。2017 年举办的第三届全国老年人体育健身大会设有柔力球、气排球、健身球操、门球、太极拳（剑）、网球、健身秧歌、健身气功、乒乓球、棋牌、钓鱼、持杖健走共 12 个大项，大会历时近 6 个月，参加的老年人数量达到 1 万多。各地举办老年人体育健身大会的热情也很高，基本都是每四年一届，但一些地方开始举办老年人体育健身大会的时间远远早于全国，例如，山西省 2020 年已成功举办第六届老年人体育健身大会，广西壮族自治区南宁市 2021 年已成功举办第九届老年人体育健身大会，在这些地方，老年人体育健身大会均已有较长的发展历史。

为了满足广大人民群众日益增长的体育需求，从 2009 年起，我国将每年 8 月 8 日确定为"全民健身日"。老年人是全民健身的重要参与者，他们在全民健身活动中的参与越来越受重视。2022 年"全民健身日"期间，国家体育总局群体司、中华全国体育总会群体部联合中国老年人体育协会主办了"全民健身线上运动会——全国老年人体育健身展示活动"，共设置柔力球、气排球等 11 项老年人喜爱的体育健身项目。本次活动打破了地理空间的限制，老年体育爱好者只需将参赛视频上传即可获得电子参赛证书。据统计，活动共吸引 47758 人参加，活动平台总访问量超过 3500 万人次，老年体育赛事的社会关注度和老年人的参与热情可见一斑。

三、老年教育体系日益完善

（一）形成多层次老年教育机构网络

中国的老年教育从 20 世纪 80 年代开始兴起并不断发展，至今已走

湖北省老年大学

过近四十年历程。1995 年，包含老年教育的终身教育制度作为中国教育的基本制度之一，被写入《中华人民共和国教育法》。《老年人权益保障法》进一步明确了老年人在继续接受教育方面的权利，以及各级政府和社会力量在发展老年教育方面的责任。2016 年，国家印发了第一部老年教育专项规划《老年教育发展规划（2016—2020 年）》，要求增加老年教育供给，提升老年教育机构基础能力，为近年来各地老年教育的发展提供了行动指南。

在相关政府部门的共同推动下，老年教育机构数量快速增长，进一步增加了老年教育的有效供给。截至 2019 年末，全国老年大学（学校）数量约为 76296 所，五年间增加了 15790 所，年均增长率为 4.7%。在校学员数量实现同步增长，2019 年老年大学（学校）在校学员数约为 1088.2 万人，五年间年平均增长 7.4 个百分点。[14] 综合各地老年教育机

14 《〈中国老年教育发展报告（2019-2020）〉发布 全方位展现中国老年教育发展全貌》，http://photo.china.com.cn/2021-10/19/content_77819748.htm，2021 年 10 月 19 日。

构的构成来看，省、地级市、县（市区）、乡镇（街道）、村（居委会）均有老年大学（学校）的多层次老年教育机构网络初步形成。以上海市为例，在市级老年大学的延伸和带动下，上海已建成由市级老年大学、市级老年大学分校及区级老年大学、街道（乡镇）老年学校、居（村）委老年学校学习点构成的四级老年学校教育网络。基层老年教育机构的建设使老年教育资源不断向基层延伸，截至 2019 年末，县级以下老年学校数量达到 70951 所，占老年大学（学校）总数的 93.0%。[15] 老年教育资源下沉基层，大大提高了老年教育的可及性。

（二）老年教育形式多元化

中国老年教育最早是以老年大学的形式产生的，在近四十年的发展过程中，其形式日趋多元化，已形成学校教育、社区教育、远程教育和社会教育并存的老年教育发展格局，不同形式在老年教育发展中都有自身的独特优势。

老年学校教育是在老年大学或各类老年学校开展的老年教育活动，作为最早产生的老年教育形式，在今天的老年教育中依然扮演着重要角色。老年大学创办之初主要面向老干部开放，后来从福利型教育向普惠型教育的转向，使其供不应求的问题突出地显现出来，并陆续催生出其他老年教育形式。

2021 年党中央、国务院发布《关于加强新时代老龄工作的意见》，明确要扩大老年教育资源供给，支持社会力量举办老年大学，依托国家开放大学筹建国家老年大学，搭建全国老年教育资源共享和公共服务平

---

15 同上。

上海老年大学获第六届荣誉毕业证书学员合影

台，推动部门、行业企业、高校举办的老年大学面向社会开放办学。

老年社区教育是将老年教育纳入社区教育体系后形成的。社区教育以社区居民为对象，旨在全面提高社区居民素质。人口老龄化的发展使社区老年人成为社区教育的主要参与者，老年教育也因此被政府相关部门确定为社区教育的重点任务。

老年远程教育是借助网络技术、多媒体技术等现代信息技术手段开展的老年教育活动，具有方便、灵活的特征，老年人足不出户即可进行学习。老年远程教育的开展，有助于缓解老年大学供不应求，以及老年社区教育教学资源不足的问题，使老年人能够公平地享受高质量的教育服务。

老年社会教育是在文化馆、纪念馆、博物馆、图书馆等公共文化、体育设施及老年活动中心、养老院等老年服务设施中开展的老年教育活动，老年人通过自发组织的活动，以及企事业单位或社会团体开展的活动进行学习也被认为是老年社会教育的一部分。

上海的老年教育

作为最早开展老年远程教育的城市，上海的老年远程教育始终走在全国的前列。上海整合各方资源，由上海市老龄事业发展中心、上海开放大学、上海老年大学联合组成上海远程老年大学，通过电视、网络两种手段，为上海乃至全国的老年人提供远程服务。目前，已形成"银龄课堂""长者星空""上海老年人学习网""中国老年大学协会远程教育网""指尖上的老年教育"等远程教育平台。在老年社会教育方面，上海主要有老年人学习团队、市民终身学习体验基地、老年教育社会学习点等多种形式。截至2018年底，共有老年人学习团队约2.4万个，参与各类社会教育活动的老年人逾50万人次；市民终身学习体验基地10个、体验站点129个、体验项目866项、体验课程690门，每年参与体验学习的市民达到400多万人次；市级老年教育社会学习点203个，吸引了8万多名老年人参与学习。此外，上海还将老年教育活动推广到养老机构，全年共开设班团数1000多个，参与学员近2万人次。[16]

（三）老年教育内容与时俱进

老年教育对象的变化推动老年教育内容不断拓展。早期老年教育的主要对象是离退休老干部，其学习需求主要集中于休闲娱乐和健康养生等方面，因此早期老年教育的课程设置主要集中于休闲娱乐和健康养生领域。老年教育变为普惠型教育后，老年教育对象扩大到全体老年人，与教育对象扩大化相伴随的是老年人学习需求的多元化。面对这种变化，老年教育机构逐步调整教育内容，不仅扩展了课程领域，还对不同领域

---

16 张兴，《上海老年教育四十年》，《中国成人教育》，2020年第7期。

2021 年 12 月，天津生态城乐龄学堂第一社区形体室藏族舞初级班上课

的课程构成进行了细化和优化，以更好地满足老年人的学习需求。老年群体更替是促使老年教育内容更新的重要推动力。与以往的老年人相比，近年来进入老年期的老年人普遍受教育程度更高，他们对老年教育的内容往往也有更高的要求，这也促使老年教育机构在教育内容上作出相应的调整。

时代进步促使老年教育内容不断更新，在信息化时代背景下，老年人对于信息技术的学习需求旺盛，如希望学习如何操作智能手机、如何网购等等。为了使老年人更好地融入信息化时代，尽可能消弭数字鸿沟，老年教育机构也与时俱进地推出了适合老年人的多种多样的信息技术课程。

2022 年 3 月，天津生态城乐龄学堂油画初级班教学现场

第六节　着力维护老年人合法权益

自 1996 年中国老年人权益保障工作开始步入法制化轨道以来，国家持续加大《老年人权益保障法》宣传力度，推动全社会广泛树立维护老年人合法权益的法律意识。针对老年人维权的重点领域，各级政府还通过开展专项行动、完善制度安排，进一步织密老年人合法权益保护网，筑牢侵犯老年人合法权益的防御屏障。

一、加强老年人权益保障普法宣传

（一）开展常态化普法宣传

《老年人权益保障法》是维护和保障老年人合法权益的重要工具。为了使社会各界能够遵法守法，同时帮助老年人学法用法，各级老龄工作部门、司法行政机关等相关部门均将《老年人权益保障法》的宣传普及作为日常工作的一项重要内容常抓不懈，推动普法宣传不断深入城乡社区，法治观念更加深入人心，使法治宣传教育与依法治理实现有机融合。

《老年人权益保障法》规定，每年农历九月初九即中国传统的敬老节日重阳节，为全国法定"老年节"。全国老龄工作委员会自2010年起，在每年"老年节"所在的月份，组织开展全国性爱老敬老即"敬老月"活动，活动总的主题是"关爱老人构建和谐"，每年结合实际情况确定一个活动分主题，旨在大力宣传中国人口老龄化的严峻形势和应对策略，增强全社会的老龄意识和敬老意识；广泛组织和动员社会力量开展走访慰问、志愿服务、老年优待、文化体育、老龄宣传等活动，为老年人办实事、做好事、献爱心。

2016年12月，全国老龄办、最高人民法院、最高人民检察院、公安部、民政部和司法部等6部门联合出台《关于进一步加强老年法律维权工作的意见》（以下简称《意见》），明确了各级法院、检察机关、公安机关、民政部门、司法行政机关和老龄工作机构加强老年法律维权工作的主要任务分工和保障措施。《意见》要求把老年法律维权相关内容融入到人口老龄化国情教育和普法宣传教育之中，各级相关政府部门结合自身职责，依托各类媒体平台加大老年法律维权宣传力度。《意见》强调，在敬老月、老年节期间，要广泛开展老年人维权、法律援助服务等现场咨询或宣传活动，要重视宣传《老年人权益保障法》等法律法规、优待政策和典型案例，提高全民法治意识和广大老年人依法维权意识。

"敬老月"活动开展以来，始终将权益维护、主题宣传等作为活动的主要形式。2019年"敬老月"活动开展10周年之际，全国老龄委部署了六项主要活动，其中之一就是开展老年维权优待方面的活动，即开展老年人法制宣传教育、法律服务、法律援助及志愿活动。"敬老月"活动影响广泛，在向包括老年人在内的广大社会成员宣传普及《老年人权益保障法》方面取得了良好的效果。

基层老年协会在普法宣传方面也发挥着积极的作用。各地城乡社区老年协会从老年人的日常生活出发，通过学习教育、文艺演出等喜闻乐见的形式，用通俗易懂的语言将老年权益保障法律知识传递给老年人，使老年人不仅愿意听也能够听得懂。

（二）修法后开展普法宣传

为解决老年人权益保障中出现的一系列新情况、新问题，更好地与其他相关法律衔接，《老年人权益保障法》颁布后历经 2012 年修订，以及 2009 年、2015 年和 2018 年修正。为了使社会各界及时了解新的《老年人权益保障法》的立法精神和具体内容，相关政府部门在修法后均及时组织开展了新的《老年人权益保障法》的普法宣传活动。

2013 年，民政部下发《关于学习宣传贯彻〈中华人民共和国老年人权益保障法〉的通知》，要求把学习宣传贯彻新修订的《老年人权益保障法》作为一项重要工作，明确责任，精心组织。2019 年，民政部再次下发《关于贯彻落实新修改的〈中华人民共和国老年人权益保障法〉的通知》，要求做好宣传引导，推出各地民政部门要按照"谁执法、谁普法"的要求，及时将法律修改的主要内容、改革措施等，通过政府网站、新闻媒体公布或者在公共场所陈列，方便社会公众特别是养老服务从业人员和广大老年人理解掌握。

除了民政部门外，老龄工作部门、司法行政机关等政府部门也在《老年人权益保障法》修法后，通过多种形式及时进行普法宣传，使社会各界能够与时俱进地了解到《老年人权益保障法》的最新内容。2015 年，全国老龄办在北京召开以"宣传老年法关爱老年人"为主题的全国老龄宣传工作研讨会，与会成员围绕深入宣传贯彻新修订实施的《老年人权益保障法》、推动老龄宣传工作创新发展等主题展开深入讨论，为更好地贯彻落实新《老年人权益保障法》探明了方向和路径。

二、开展打击整治养老诈骗专项行动

近年来，一些不法分子盯上了老年人的养老钱，巧立名目实施诈骗行为，使老年人的合法权益受到严重侵害。针对这一问题，2022 年 4 月，国家正式启动为期半年的打击整治养老诈骗专项行动。专项行动办公室由平安中国建设协调小组牵头成立，中央政法委、中央网信办、最高人民法院、最高人民检察院、公安部、民政部、自然资源部、住房和城乡建设部、文化和旅游部、国家卫生健康委、市场监管总局、中国银保监会等 12 个国家部委参与共同推进。

养老诈骗涉及领域广，各参与部门从自身职责出发，聚焦各自分管工作领域的主要涉诈问题，打出了一套打击整治养老诈骗的组合拳，形成了有效整治养老领域涉诈乱象的强大合力。如国家卫生健康委主要负责整治卫生健康领域的养老诈骗问题，在专项行动中，一是通过发布警示教育案例、刊发科普知识、编印防骗手册、组织开展反诈防骗的知识大赛等各种方式，广泛深入开展反诈防骗的政策宣传和科普知识宣传；二是对举报线索加强核查整治，重点对民营医院、养老机构内设的医疗机构违法违规的线索及时进行核查处理。民政部在此次专项行动中则主要负责整治养老服务领域的涉诈问题隐患，一方面通过公布投诉举报平台、发布典型案例等多种方式，在社区、机构、老年人身边开展形式多样的精准宣传，提高老年人识骗防骗能力；另一方面对养老服务机构及场所开展深入摸排，并对问题隐患机构和场所进行集中打击整治。每个参与部门都对各自领域的养老涉诈问题进行了集中整治，在专项行动中发挥了不可或缺的作用。

打击整治养老诈骗专项行动成效显著，全国共立案侦办养老诈骗刑事案件 41090 起、破案 39294 起，打掉犯罪团伙 4735 个，抓获犯罪嫌疑人 6.6 万余人，提起公诉 8516 人，一审判决案件 1645 起 4523 人，追回赃款 308 亿余元，养老诈骗违法犯罪得到有力打击遏制。各地各有关部门对涉诈问题隐患进行了有效排查，共发现隐患 23169 个，其中 22398 个已完成整治，整治率达 96.7%。专项行动使全社会反诈防诈意识明显增强，营造出"不敢骗、不能骗、骗不了"的良好社会氛围。据国家统计局的调查，82% 的群众认为养老领域各种乱象减少，群众对专项行动的满意度达 86%。[17]

今后，打击整治养老诈骗将成为国家的一项常态化工作，并将通过坚持完善线索核查机制、完善依法打击机制、完善行业治理机制、完善宣传教育机制、完善责任落实机制、完善考核评价机制来建立开展打击整治养老诈骗工作的长效机制，更好地维护老年人的合法权益。

三、完善老年人监护制度

因衰老导致的生理机能和认知功能下降，可能使老年人处于不能全部或部分处理自己事务的境况，建立和完善老年人监护制度，为老年人

---

17 陈一新，《全面总结专项行动成效经验，常态化推进打击整治工作，更好维护老年人合法权益》，http://www.chinapeace.gov.cn/chinapeace/c100160/2022-09/26/content_12673596.shtml，2022 年 9 月 26 日。

设立保护人，是保护老年人人身财产和其他合法权益的重要途径。

2012年修订的《老年人权益保障法》增设的第26条首次确立了老年监护制度，弥补了以往老年人作为成年监护对象的立法空白，实现了国家成年监护制度立法的突破。第26条明确了老年监护的类型包括意定监护和指定监护两类。"具备完全民事行为能力的老年人，可以在近亲属或者其他与自己关系密切、愿意承担监护责任的个人、组织中协商确定自己的监护人。监护人在老年人丧失或者部分丧失民事行为能力时，依法承担监护责任"，即是对老年意定监护的规定，意定监护具有普遍保护老年人的重大意义，体现了对老年人自我决定权的尊重，可以使丧失或者部分丧失民事行为能力的老年人融入正常社会，参与普通生活，使之常人化、平常化。[18] 指定监护是指对未事先确定监护人的老年人，当其丧失或者部分丧失民事行为能力时，依照有关法律的规定确定监护人。意定监护制度以自我决定权理念为基础，是法律对自然人的自我决定权的尊重，因此，意定监护优先于指定监护。第26条将意定监护放在指定监护之前规定，体现的就是这种精神。[19] 从意定监护的规定看，监护人的范围不再局限于近亲属，具备完全民事行为能力的老年人可以根据自己的意愿在更大的范围内选择适合的监护人。目前实施的《老年人权益保障法》2018年修正版关于老年监护制度的规定与2012年修订版保持一致。

作为民事领域的基础性、统领性法律，2021年1月1日施行的《民法典》对《老年人权益保障法》中确立的老年监护制度作出进一步完善，老年人的指定监护人更加明确，老年人的意定监护实施方式更加清晰。

---

18 杨立新，《我国老年监护制度的立法突破及相关问题》，《法学研究》，2013年第2期。
19 同上。

《民法典》第二十八条规定对于无民事行为能力或者限制民事行为能力的成年人，其监护人的优先次序依次为：配偶；父母、子女；其他近亲属；其他愿意担任监护人的个人或者组织，但是须经被监护人住所地的居民委员会、村民委员会或者民政部门同意。其他愿意担任监护人的个人或组织需要经过居委会、村委会或民政部门的认可的规定，有助于更好地保障无民事行为能力或者限制民事行为能力老年人的合法权益。第三十三条规定，"具有完全民事行为能力的成年人，可以与其近亲属、其他愿意担任监护人的个人或者组织事先协商，以书面形式确定自己的监护人，在自己丧失或者部分丧失民事行为能力时，由该监护人履行监护职责"，进一步明确了老年人实施意定监护的具体方式。

第七节　中国老年友好型社会建设的特点

一、厚植孝亲敬老文化传统

孝亲敬老是中华民族的优良传统，其核心"孝"文化在中国有源远流长的历史。改革开放以后，新型孝道文化也成为中国特色社会主义文化的一部分。[20] 随着时代的发展，孝亲敬老不仅是在全社会被倡导的伦理道德规范，也成为贯穿各项老龄社会政策和人们社会生活的价值指引。

中国大力倡导继承和发扬孝亲敬老文化传统，使孝亲敬老文化成为老年友好型社会建设的鲜明人文底色。无论是家庭养老基础性作用的发挥，还是社会各项敬老、助老活动的广泛开展，或者是政府对于老年优待、老年权益保障等各方面制度的不断完善，都离不开孝亲敬老文化提供的

---

20 焦国成、赵艳霞，《"孝"的历史命运及其原始意蕴》，《齐鲁学刊》，2012 年第 1 期。

精神给养和动力源泉。

二、注重共建共享

中国积极打造共建共享的老年友好型社会的核心要义是不分年龄、人人共享、代际共融。从建设主体来看，中国老年友好型社会是全社会共同参与建设的成果，政府、市场、社会、家庭、老年人都发挥了不可或缺的作用，并通过相互配合形成强大的建设合力。从分享主体来看，老年友好型社会不仅惠及今天的老年人，从全生命周期的视角看还惠及所有人的老年期。今天的老年友好型社会无疑能够为其他年龄群体提供对于老年生活的美好预期。

三、支持老年人社会参与

中国在建设老年友好型社会时，坚持积极老龄观，高度重视老年人身上蕴含的积极因素，着力支持老年人社会参与。国家积极推进居住环境和公共环境的无障碍改造，营造安全便利的生活环境，尽可能提高老年人独立生活的能力，增加老年人的社会交往和社会融入。国家珍视老年人的智慧和经验，尽可能为有继续为社会作出贡献意愿的老年人参与社会发展创造条件。这些都是中国在建设老年友好型社会中重视发挥老年人主体作用的体现。

四、建设包容性数字社会

世界已经进入信息时代，帮助老年人融入数字化新时代是老年友好型社会建设的重要内容。为了切实维护老年人在信息时代的合法权益，帮助老年人跨越"数字鸿沟"，中国采取了一系列帮助老年人解决运用智能技术困难的措施，并持续实施"智慧助老"行动。这些举措和行动充分调动了社会各方面力量共同参与老龄社会信息无障碍建设的积极性，在促进信息化社会的适老化改造和升级，以及提升老年人运用智能技术的获得感、幸福感、安全感方面发挥了必要作用。

后　记

　　人口老龄化是世界发展的普遍趋势，在全球范围内，人口老龄化对经济社会发展带来深刻影响。未来全球老龄化程度还将持续加深，如何应对是世界各国的共同任务。

　　党的十八大以来，中国及时、科学、综合应对人口老龄化，始终从基本国情出发，积极探索，改革创新，逐步走出了一条具有中国特色的积极应对人口老龄化道路。

　　本书是介绍中国人口老龄化发展状况和应对战略的普及读物，采用通俗易懂的语言和表述风格，向关心人口老龄化问题的国内外读者全面介绍中国老龄事业的发展状况、对策措施和目标愿景。全书共五章，分别对中国人口老龄化发展和应对、养老保障体系、养老服务体系、老年健康支撑体系和老年友好型社会建设等方面的情况进行介绍。

　　本书主要作者均为中国老龄科学研究中心从事老龄研究工作多年的研究人员，在各自研究领域都有深厚积累和丰富经验。各章作者如下：第一章，李晶博士，老龄社会与文化研究所所长，研究员。第二章，杨晓奇博士，老龄经济与产业研究所副所长，研究员。第三章，王莉莉博士，老龄产业研究室主任，研究员；李俊南，老龄产业研究室实习生（中央财经大学社会与心理学院硕士研究生）。第四章，伍小兰博士，老龄健康政策研究室主任，研究员；李晶博士，老龄健康研究所助理研究员。第五章，罗晓晖博士，老龄健康研究所副所长，副研究员。

　　本书经过大约一年时间撰写完成，其间国家卫生健康委员会党组成员、全国老龄办常务副主任、中国老龄协会会长王建军同志作为本书主编，组织对本书的写作框架进行了研究确定，全书成稿后，经多次审阅，并组织编写组成员对修改重点进行讨论和明确。中国老龄科学研究中心高成运主任作为本书副主编，组织协调、参与修改，提出了很多宝贵意见。中国老龄科学研究中心的李晶博士作为本书副主编，承担了具体工作，从与每一位作者的沟通到全书的统稿，认真负责、不厌其烦。所有参与本书编写的作者都付出了辛勤劳动。五洲传播出版社的常武显老师，就选题确定、写作体例、文字风格等，对书稿提出很多专业修改意见，中国老龄协会宣传部为本书提供了部分照片，在此一并表示衷心感谢。

人口老龄化进程还在继续，有很多问题值得深入研究和探讨。书中的疏漏和不足之处，敬请读者批评指正。

编 者